华东师范大学课程思政研究丛书

丛书主编：梅兵

丛书副主编：戴立益

中华体育故事新编

董翠香　俞定智　马德浩　主编

东方出版中心

图书在版编目（CIP）数据

中华体育故事新编 / 董翠香，俞定智，马德浩主编
. － 上海：东方出版中心，2022.3（2024.7重印）
ISBN 978-7-5473-1942-0

Ⅰ. ①中… Ⅱ. ①董… ②俞… ③马… Ⅲ. ①体育 －
中国 － 通俗读物 Ⅳ. ①G812 － 49

中国版本图书馆CIP数据核字（2022）第016632号

中华体育故事新编

主　　编　董翠香　俞定智　马德浩
策　　划　刘　鑫
责任编辑　刘　军
装帧设计　钟　颖

出版发行　东方出版中心
地　　址　上海市仙霞路345号
邮政编码　200336
电　　话　021-62417400
印 刷 者　昆山市亭林印刷有限责任公司

开　　本　710mm×1000mm　1/16
印　　张　14.75
字　　数　197千字
版　　次　2022年3月第1版
印　　次　2024年7月第2次印刷
定　　价　49.80元

华东师范大学课程思政研究丛书总序

　　教育是功在当代、利在千秋的德政工程。培养什么人、怎样培养人、为谁培养人是中国高等教育必须回答的根本问题。从习近平总书记在全国高校思想政治工作会议中指出"要用好课堂教学这个主渠道……使各类课程与思想政治理论课同向同行，形成协同效应"到《高校思想政治工作质量提升工程实施纲要》《教育部关于深化本科教育教学改革全面提高人才培养质量的意见》等系列文件明确提出，坚持把立德树人成效作为检验高校一切工作的根本标准，把课程思政建设作为落实立德树人根本任务的关键环节，课程思政在为党育人、为国育才中的重要地位不言而喻。

　　课程思政自提出以来，高校对专业建设、教材建设、教学教法、评价与质量保障体系等教学全要素进行了卓有成效的探索，教师从理念到实践已经取得初步的成果，但同时一些重点和难点问题尚未解决且制约着课程思政的深入发展，比如：从理念向实践转化的一般性原则和方法、不同学科课程思政的指标体系与实施策略、"以学为中心"理念下学习成效的评价方法，这些都是课程思政开展中悬而未决、亟待解决的问题。

　　华东师范大学是新中国成立后组建的第一所社会主义师范大学，始终坚持以德立学、以德施教，把为国育英才作为自己的使命与责任。在办学中，学校继承了其前身大夏大学和光华大学爱国主义的优良传统，秉承"智慧的创获，品性的陶熔，民族和社会的发展"的办学理想，持续深化人才培养模式改革，在学分制、通识教育、思政课程、课程思政、师范生培养、拔尖创新人才培养等方面取得了良好的成绩。2017年，学校在已有工作的基础上全面实施课程思政教育教学改革；2018年3月，学校举行第十三次党代会，会议明确了"育人""文明""发展"的新使命；2019年，学校发布《华东师范大学关于一流本科教育建设的实施意见》，强化思想政治教育贯穿教育教学全过程，明确以学生的素质和能力达成为中心，提出以教育模式的深刻转型推动人的全面发展。

学校以顶层设计保障课程思政的有效落实、以分层行动推动课程思政全覆盖、以教研文化激发教师将课程思政作为内在需要、以质保体系促使课程思政的持续改进，形成了思政课程—课程思政、教师思政—学生思政、教师发展—学生发展有机统一、协调发展的课程思政教育教学改革模式，获得了上级教育主管部门和专家同行的认可，2017年入选上海市首批"课程思政教育教学改革整体示范校"，2019年入选上海市首批"高校课程思政整体改革领航高校"，课程思政教学改革的影响力走出校园，辐射其他兄弟高校并与基础教育形成联动与衔接。

在开展课程思政教育教学改革的过程中，学校注重抓关键环节和关键问题。教师在示范课程建设中，精心进行教学设计，在教学内容有机融入课程思政元素、课程思政教学成效的评价方法方面积累了丰富的经验；示范专业和领航学院基于OBE理念，在培养目标—毕业要求—课程体系的完整链条中总结课程思政的一般性规律和共同要素，形成课程思政教学指南；职能部门则以"教育家"和"标准人"为目标，以冯契先生"化理论为方法、化理论为德性"的思想为指导，对课程思政实施中的管理机制、评价体系和质量保障体系进行探索创新。学校出版课程思政研究丛书，既是对课程思政教育教学改革经验的梳理和总结，也是对关键问题的研究和提炼。从实践操作案例到理论研究，聚焦课程思政从理念到实践转化的关键问题，期待以我校课程思政开展的逻辑与脉络、经验与模式、顶层设计与实践方法，为兄弟高校提供一种参考。我们希望这套丛书能够在以下方面对一线教师和教学管理人员有所启发：

一、课程思政教育教学改革的学理支撑

课程思政的实施需要一般性原则指导。丛书以教育学、汉语言文学、生物科学、地理科学、生态环境类、体育教育等不同学科、专业的实证研究，总结出开展课程思政的一般原则和策略，揭示推进课程思政的内在逻辑，为管理部门和一线教师开展课程思政提供学理支撑。

二、课程思政教育教学改革的体系框架

课程思政实施是管理、教学、教材、质保、评价的全链条、全要素协同。丛书以教师的课题研究成果搭建了管理体系、教学体系、质量保障体系、评价体系的框架，为其他高校开展课程思政提供借鉴与参考。

三、课程思政教育教学改革的实践指南

课程思政重在实践。丛书内容涵盖不同专业开展课程思政的教学指南，以及映射不同思政点的高质量课程思政案例集，为管理人员和一线教师提供从理念到实践的具体操作参考案例，同时又具有一定的开放性，一线教师和管理者可以根据本校的传统和特色进行拓展。

由于课程思政教育教学改革本身是在摸索中前进，其理念、内涵、方法在不断发展和深化，尽管本套丛书的编写者工作非常努力，撰写数易其稿，但代表的也仅是一家之言，再加上诸多局限性，本套丛书的缺点和不足在所难免，谨以此套丛书跟大家交流华东师范大学的探索和心得，欢迎各位同仁提出宝贵意见和建议。

梅　兵

2020 年 5 月于华东师范大学丽娃河畔

本书编委会名单

主　　编：董翠香　俞定智　马德浩

副主编：区　桦　夏　昕　于生德　田　来

编　　委：（按姓氏笔画排序）

卜洪生　于生德　马雪明　马德浩　区　桦

孔　佳　田　来　朱利荣　刘　萍　苏银伟

李文耀　李　荔　杨　阳　吴叶丽　张东洋

陆志英　陆　辉　周颖花　郑继超　俞定智

施瑞安　姚　珛　夏　昕　徐艳贤　徐　斌

董翠香　蔡　晨　樊三明

前 言

2020年，在党中央的号召下，全国各行各业开展了轰轰烈烈的"四史"学习活动，以不断增强"守初心、担使命"的思想和行动自觉。华东师范大学以此为契机，深入推进"课程思政"建设，进一步深化"大中小学德育一体化"，希望在学科德育、课程思政和师范生培养等方面形成紧密联系的链条，形成同频共振的效应，建设师资库、资源库、案例库、读本库、活动库等系列成果。

体育学科以《中华体育故事新编》编写为抓手，组建了涵盖大学、中学、小学三个学段体育教师的编写团队。大学阶段包括由华东师范大学体育与健康学院董翠香教授、马德浩副教授领衔的两个团队。中小学阶段包括由俞定智老师领衔的上海市"高峰计划"体育名师团队和由区桦、夏昕、朱利荣、卜洪生、姚琍、刘萍、徐艳贤等名师带领的区级体育教师团队。由此形成了规模庞大的大中小教研共同体，各团队参与人员名单见书末附录。

本书包含名人名言篇、名人体育故事篇、体育事件篇、实践育人篇四部分。俞定智工作室团队、徐艳贤团队共同负责名人名言；姚琍团队、卜洪生团队共同负责新中国成立前诞生的体育名人故事，刘萍团队、朱利荣团队共同负责新中国成立后诞生的体育名人故事；董翠香团队、马德浩团队共同负责新中国成立前的体育事件，区桦团队负责新中国成立后的体育事件；俞定智高峰计划团队、工作室团队共同负责实践育人故事。全书由董翠香、马德浩、田来统稿。

本书以读本的形式呈现，不仅能够作为高校体育专业学生的学习参考资料，还可以作为中小学生课外读物，使学生们在阅读故事的过程中感受自强不息的体育精神，增强民族自豪感。本书还可以作为大中小学体育教师的教学参考资料，丰富育人素材和实践育人策略，真正实现大中小学德育一体化。

由于时间仓促和作者水平有限，本书不足之处敬请广大读者批评指正！

本书主编

2021 年 8 月

目 录

第三部分　体育事件篇

第四部分　实践育人篇

附录　本书编写团队

第一部分
名人名言篇

1. 有文事者必有武备，有武事者必有文备。

——孔子

孔子（前551—前479），名丘，字仲尼，春秋末期思想家、政治家、教育家，儒家的创始人

2. 活动有方，五脏自和。

——范仲淹

范仲淹（989—1052），字希文，北宋杰出的思想家、政治家、文学家。

3. 一身动则一身强，一家动则一家强，一国动则一国强，天下动则天下强。

——颜元

颜元（1635—1704），原字易直，更字浑然，号习斋，明末清初思想家、教育家，颜李学派创始人。

4. 今者论一国富强之效，而以其民之手足体力为之基。

——严复

严复（1854—1921），中国近代启蒙思想家、翻译家，是中国近代史上向西方国家寻找真理的"先进的中国人"之一。

5. 专以养体为主，而开智次之；令功课稍少，而游戏较多，以动荡其血气，发扬其身体，而又须时刻监督。

——康有为

康有为（1858—1927），中国近代维新派领袖、思想家，后为保皇派首领。

6. 夫将欲图国力之坚强，必先图国民体力之发达。

——孙中山

孙中山（1866—1925），中国近代伟大的民主革命家。1905年，成立中国同盟会。此后在国内外发展革命组织，联络华侨、会党和新军，多次发动武装起义。辛亥革命后，被推举为中华民国临时大总统。

7. "健全人格，首在体育。"殊不知有健全之身体，始有健全之精神；若身体柔弱，则思想精神何由发达？或曰，非困苦其身体，则精神不能自由。然所谓困苦者，乃锻炼之谓，非使之柔弱以自苦也。

——蔡元培

蔡元培（1868—1940），中国民主革命家、教育家。中华民国首任教育总长。1916年至1927年，任北京大学校长。

8. 世讥我国为病夫国，我即病夫国中一病夫，愿与天下健者一试。

——霍元甲

霍元甲（1868—1910），清末著名爱国武术家，沧州十大武术名人之一。

9. 生存竞争，优胜劣败，吾望我同胞练其筋骨，习于勇力，无奄然颓惫以坐废也。

——梁启超

梁启超（1873—1929），中国近代思想家、政治家、教育家、史学家、文学家。戊戌变法领袖之一、中国近代维新派、新法家代表人物。

10. 智、力、德三者并重，为近代教育之通则。

——陈独秀

陈独秀（1879—1942），新文化运动的倡导者之一，五四运动的主要领导人，中国共产党的创始人和早期的主要领导人。

11. 我每看运动会时常常这样想：优胜者固然可敬，但那虽然落后而仍非跑至终点不止的竞技者和见了这样竞技者而肃然不笑的看客，乃正是中国将来的脊梁。

——鲁迅

鲁迅（1881—1936），原名周树人，著名文学家、思想家、革命家。新文化运动的重要参与者，中国现代文学的奠基人之一。

12. 体育是培养健全人格的最好工具。

——马约翰

马约翰（1882—1966），著名体育教育家，清华大学体育教师，被称为"体育界的一面旗帜"。

13. 我们深信健康是生活的出发点，也就是教育的出发点。

——陶行知

陶行知（1891—1946），人民教育家、思想家，曾任中国民主同盟中央常委兼教育委员会主任委员。

14. 体育一道，配德育与智育，而德智皆寄于体，无体是无德智也。

体者，载知识之车而寓道德之舍也。

善其身无过于体育。体育于吾人实占第一之位置，体强壮而后学问道德之进修勇而收效远。

——毛泽东

毛泽东（1893—1976），马克思主义者，中国无产阶级革命家、政治家、军事家，中国共产党、中国人民解放军、中华人民共和国的主要缔造者和领袖，毛泽东思想的主要创立者。

15. 不言体育而空言道德，空言智识，言者暗矣，听者心厌矣，究于事实何俾之有？

——恽代英

恽代英（1895—1931），中国无产阶级革命家、中国共产党早期青年运动领导人、黄埔军校第四期政治主任教官。学生时代积极参加革命活动，是武汉地区五四运动主要领导人之一。

16. 把体育运动普及到广大群众中去。

——邓小平

邓小平（1904—1997），马克思主义者，中国无产阶级革命家、政治家、军事家、外交家，中国共产党、中国人民解放军、中华人民共和国的主要领导人，邓小平理论的主要创立者。

17. 运动兴，民族兴；运动衰，民族衰。

——刘长春

刘长春（1909—1983），短跑运动员。1932 年参加了在美国洛杉矶举行的第 10 届奥运会，成为第一位正式参加奥运会的中国运动员。1936 年再次代表中国参加在德国柏林举行的第 11 届奥运会。历任中华全国体育总会常委、中国奥委会副主席、辽宁省体育协会副理事长、第四届辽宁省政协常委等职。

18. 智育不好是次品，体育不好是废品，德育不好是危险品。

——斯霞

斯霞（1910—2004），著名初等教育专家，被誉为"小学教育界的梅兰芳"。因功勋卓著，南京师范大学附属小学又名斯霞小学。

19. 越忙越要抽空练，练好身体常保健；决心信心加恒心，修炼身心意志坚。

——庄炎林

庄炎林（1921—2020），曾任国务院侨办副主任、中国侨联副主席、中国侨联主席。

20. 全民健身，利国利民，功在当代，利在千秋。

——江泽民

江泽民（1926—　），曾任中国共产党中央委员会总书记，中国共产党中央军事委员会主席，中华人民共和国主席，中华人民共和国中央军事委员会主席。

21. 体育培养人的三种精神：一是竞争精神；二是团队精神；三是高效率。把体育精神拿到工作、学习上来，是极为可贵的。

——钟南山

钟南山（1936—　），著名呼吸病学专家，中国工程院院士。现任广州医科大学附属第一医院国家呼吸系统疾病临床医学研究中心主任，曾任中华医学会第23任会长。在应对SARS疫情等公共卫生事件中做出重要贡献。新冠肺炎疫情发生后，做出杰出贡献，被授予"共和国勋章"。

22. 体育是事业，事业需要献身；体育是科学，科学需要求真；体育是艺术，艺术需要创新。

——庄则栋

庄则栋（1940—2013），中国男子乒乓球运动员。他曾经获得世乒赛男子单打冠军、男子双打冠军、获"圣·勃莱德杯"，多次获得"体育运动"荣誉奖章。

23. 体育承载着国家强盛、民族振兴的梦想。体育强则中国强，国运兴则体育兴。

——习近平

习近平（1953—　），中国共产党中央委员会总书记，中共中央军事委员会主席，中华人民共和国主席，中华人民共和国中央军事委员会主席。

24. 我们能够赢得这场比赛没有什么秘诀，顽强的拼搏精神是我们取得胜利的关键！

——陈忠和

> 陈忠和（1957— ），国家女排前主教练，曾带领中国女排夺得2003年世界杯冠军以及2004年雅典奥运会金牌，现任福建省政协港澳台侨和外事委员会副主任。

25. 女排精神不是赢得冠军，而是有时候知道不会赢，也竭尽全力。是你一路虽走得摇摇晃晃，但站起来抖抖身上的尘土，依旧眼中坚定。

——郎平

> 郎平（1960— ），著名女子排球运动员、教练员，曾任中国女排主教练，兼任中国排协副主席。

26. 运动让人更加自信，敢于表现，不断发掘潜能、超越自我。

——李宁

> 李宁（1963— ），著名男子体操运动员、奥运冠军，李宁品牌创始人，"20世纪25名最佳运动员"之一，共获得国内外重大体操比赛金牌106枚。

27. 体育锻炼是一种自强的精神、一种拼搏的气质、一种受益终生的生活方式。

——施一公

施一公（1967—　），结构生物学家，中国科学院院士。现任中国科学技术协会第九届全国委员会副主席，西湖大学首任校长。曾任清华大学副校长。

28. 竞技体育的残酷告诉了我，人生没有捷径，只有靠自己去拼。

——邓亚萍

邓亚萍（1973—　），著名乒乓球运动员。先后获得14次世界冠军；在乒坛世界排名连续8年保持第一，成为当时唯一蝉联奥运会乒乓球金牌的运动员，共获得4枚奥运会金牌，其中包括单打和与乔红组合的双打。

29. 体育给我们提供了这样一个平台，让我们在同样的规则下去竞争做最好的自己，赢得所有人的尊重。

——杨扬

杨扬（1975—　），中国女子短道速滑队运动员。现任全国青联副主席、全国政协委员、政协第十三届全国委员会教科卫体委员会委员，北京冬奥会和冬残奥会运动员委员会主席，世界反兴奋剂机构副主席。

30. 没有永远的冠军，但有永远的英雄。

——邹市明

邹市明（1981—　），中国男子拳击队48公斤级拳击运动员，北京奥运会48公斤级冠军，伦敦奥运会49公斤级冠军，WBO蝇量级世界拳王金腰带得主。

31. 体育能够为我们创造一个吃苦的环境。它不仅能让我们拥有健康的体魄，更能培养我们对待事物的信念：放弃很简单，但坚持却非谁都能做到。所以我希望通过体育锻炼，孩子能够拥有体育精神。

——谢杏芳

> 谢杏芳（1981—　），中国羽毛球女子运动员，尤伯杯冠军，世界羽毛球锦标赛亚军，苏迪曼杯冠军。

32. 网球是一项孤独的运动。当你独自上场，你就开始了一个人的战斗，你需要独自面对所有的问题，独自化解所有的困难。

——李娜

> 李娜（1982—　），中国女子网球运动员，亚洲首位大满贯单打冠军得主，亚洲第一位入选国际网球名人堂的球员。2011年，李娜在法网公开赛夺冠；之后，她三次跻身澳网决赛，并于2014年夺冠后退役。在其15年职业生涯中，21次打入WTA女单赛事决赛，共获得了9个WTA和19个ITF单打冠军。

33. 从来就没有一帆风顺的人生，从来就没有什么救世主……唯有不懈的努力，我将带着运动生涯中所学习到的宝贵经验去再次飞翔。

——刘翔

> 刘翔（1983—　），中国男子田径队110米栏运动员。中国田径运动史上也是亚洲田径运动史上第一个集奥运会冠军、室内室外世锦赛冠军、国际田联大奖赛总决赛冠军、世界纪录保持者多项荣誉于一身的运动员。

34. 祖国至上，团结协作、顽强拼搏、永不言败，这是我们"女排精神"，也是我们的民族精神。

——朱婷

朱婷（1994—　），中国排球运动员，司职主攻。2012年获亚青赛最有价值球员称号。2013年入选国家队；同年获世青赛最佳得分、最佳扣球、最有价值球员三项大奖。2016年获里约热内卢奥运会女排MVP称号。

第二部分
名人体育故事篇

一、新中国成立前诞生的名人体育故事

1 戚继光：实战技击，因人授器

戚继光（1528—1588），字元敬，号南塘，卒谥武毅，山东登州（今山东蓬莱）人，明朝杰出的军事家、书法家、诗人，抗倭名将，民族英雄。他著有《纪效新书》《练兵实纪》《武备新书》等兵书，还有《止止堂集》及各个历史时期呈报朝廷的奏疏和条议传世。同时他改造了城防设施，发明了各种火攻武器，提升了明军战斗力。

戚继光是我国历史上一位骁勇善战的民族英雄，一些人对他的印象比较单一，认为他仅是一介武夫。然而事实上，他是一位著有众多兵书的杰出军事家。军队建设是历朝历代建设强大国防的重要内容。从历史发展的过程看，军队在建国初期，一般都有很强的战斗力，但随着和平时间的增长，军队的战斗意志会逐渐减退。明代中期，明军难敌非正规的游兵倭寇，就充分印证了这点。关于如何提高部队的战斗力，戚继光认为，选好兵是强军的重要前提。他善于总结前人的治兵方略，在吸取以往抗倭战争经验教训的基础上，突出实战需要，总结出近海作战的宝贵经验，也得出了冷兵器与火器并用时代军队训练和作战的一般规律。

建设一支强大的军队，训练是关键。戚继光从当时的实际情况出发，提出"基于实战"的军队建设思想，把武艺分成"正法"和"花法"两种。为迅速提高战斗力，戚继光提出了"训战一致"的练兵原则。他在分

析明军平时训练中的弊端后，认为平时明军在官府面前所用的花枪、花刀、花棍等法，虽然好看，但"不惟无益，且学熟误人第一"。因此，戚继光极其反对花拳绣腿和其他只图美观而不实用的招式。因为一旦打起仗来，所学非所用，这些花哨的套路只会让士兵们付出生命的代价。他认为战场上必须讲究实战技击性，要求士兵练艺必须练正法，在战场上怎么使用，平时就怎么练，以真刀实枪战胜对手。只有这样练，每个招式才有用，练一天就有一天的效果。练熟了一件兵器，到战场上才会得到使用这件兵器的好处。

武器装备是决胜战场的关键因素，也是构成军队战斗力的重要物质因素。为此，戚继光提出了"因人授器""长短相杂"的制胜思想。"选兵"与"授器"是紧密相关的，"因人授器"的思想要求根据士兵个人的体格和性格等状况，分别授予不同的兵器，赋予不同的职责。这种因材而用，旨在发挥士兵所长。而"长短相杂"则是讲求武器运用的互补性，特别在武器装备的发展进入了冷兵器与火器并用的阶段，单一的武器系统已不能适应战场的实战需要，各种兵器的配合使用非常重要。他在《纪效新书》这部兵书中所述的士兵格斗训练方法，对于特种兵的训练及研究中国古代武器装备的发展变化具有重大价值。

戚继光是明朝著名的爱国将领，他从小喜欢军事，并立志做一个文武双全的强将。之所以有这样的远大理想，归功于他父亲的军事思想教育。他身边发生过很多爱国、护国、爱家、保家的典型事迹。青年时期，他曾写下这样的诗句："封侯非我愿，但愿海波平。"换言之，做官不是他最终的愿望，祖国的安宁才是。此外，戚继光还是一位杰出的兵器专家和军事工程专家，他改造发明了各种火攻武器，还建造了大小战船、战车，使明军水陆装备优于敌人。

他的军队建设思想意义深远，新时代的我们仍旧能从中提取价值经验，以帮助广大青少年树立远大理想。同时，我们要把立德树人作为教育的核心，精忠报国、以智取胜、传递正能量、引导好思想、教育好学生，充分利用三尺讲台和竞技赛场，培养"文明其精神，野蛮其体魄"的体育品德。真正的教育就是感染、教会学生不断去完善自己的人格、拓展自己的视野、开阔自己的胸怀。

（李世春）

参考文献：

［1］闫海青.戚继光的军事领导力探析［J］.领导科学，2019（19）.

［2］王建超.戚继光对中国武术和军事发展的影响研究［J］.武术研究，2018，3（2）.

［3］张长念.戚继光武学思想的"儒道"与"释心"［J］.首都体育学院学报，2015，27（6）.

［4］高希彬，王秋灵.戚继光体育思想研究［J］.体育文化导刊，2010（7）.

2　蔡元培：完全人格，首在体育

蔡元培（1868—1940），字鹤卿，号子民，浙江绍兴人。提起蔡元培校长，大家最熟悉的莫过于他提出的"思想自由，兼容并包"，但很少有人知道，蔡元培先生在我国近代体育的发展过程中同样是一位举足轻重的人物。作为中国近代体育的积极倡导者，他的教育思想和实践活动都包含着丰富的体育内容。

蔡元培先生所倡导之体育，始终与他所倡言的"完全人格"联系在一起。1919年在《教育之对待的发展》一文中，他提出"今日之完全人格，亦即新教育之标准也"。在"完全人格"中，蔡先生将体育置于首位，他说："体育最要之事为运动，凡吾人身体与精神，均含一种潜势力，随外围之环境而发达，故欲其发达至何地位，即能至何地位。"

在1902年制定的《爱国学社章程》中，他亦明确要求为各年级安排体操课，其目的就在于"为锻炼精神，激发志气之助"。1922年5月，直奉战争爆发时，北大300多学生加入妇孺保卫团。在校长蔡元培的主张下，保卫团改为学生军，并制定章程大纲，以锻炼身体、增进军事常识为宗旨。

早在1901年，蔡元培受聘担任上海南洋公学特别班总教习时，就重视德、智、体三育并重的教育思想。1908 年，在蔡元培所编的《中学修身教科书》中，更是列有专门的体育章节，指出"凡道德以修己为本，而修己之道，又以体育为本"。他认为："先有健全的身体，然后有健全的思想和事业。"因此，"学生体力的增进，实在是今日办教育的生死关键"。

蔡元培将体育提高到道德修养以至民族素质的高度，他指出对于国家和民族而言，"一切道德殆皆非羸弱之人所能实行者，苟欲实践道德，宣力国家，以尽人生之天职，其必自体育始矣！"因此，他要求青年们要具有"狮子样的体力，猴子样的敏捷，骆驼样的精神"，号召青年"以体育互相勉励，以知识及能力的增进相互勉励，以品行修养相互勉励"。

蔡元培先生体育思想的形成，经历了长期的探索过程。和当时的许多进步知识分子一样，他对体育的认识也曾经历了从注重体育的社会功能与作用，逐渐向体育真义，即体育是为了锻炼身体和涵养心灵回归。今天我们依然可以发现蔡元培体育思想所包含的育人和发展的科学理论。其中，以博采众长、求同存异、科学为本的文化交融方式实现和发展的教育理念，体育实施过程中的精神教育因素，以及全民参与的以健身为主要目的的全民体育、终身体育，都成了世界现代体育发展的主流。

（史金玉）

参考文献：

[1] 罗时铭，苏肖晴.蔡元培体育思想研究 [J].体育学刊，2008（7）.

[2] 李蕾.论蔡元培体育思想的现代价值 [J].辽宁教育研究，2005（5）.

[3] 孟昭容，李德昌，马世昌.谈蔡元培体育教育思想 [J].中国学校体育，1999（1）.

[4] 王增明.试论蔡元培的体育思想 [J].体育文史，1985（2）.

3　梁启超：锻造新民，健体强国

梁启超（1873—1929），字卓如，号任公，出生于广东新会，是我国近代著名的启蒙思想家、政治家、教育家、史学家、文学家。

　　梁启超培育"新民"的言论和实践构建出他的"新民"体育思想体系。梁启超就如何铸造"新民"在体育方面形成了"爱国尚武"的体育道德观、"三育并重"的体育教育观等思想。梁启超的"新民"体育思想在中国体育发展史上具有重要的历史价值。他把具有尚武精神的"新民"视为国家强盛之基础,倡导国民的体育主体地位;他基于国家利益至上原则将体育上升到国家战略层面,由此使体育成为中国思想启蒙和构建民族认同的重要阵地;他主张"德智体"全面发展的教育,推动了体育在教育领域地位的确立。那么梁启超为什么要培育"新民"呢?因为他意识到了民族的危机。自从1840年中国闭关自守的大门被西方列强打开,中华民族的危机便日益加深。鸦片贸易的合法化,使得国人吸毒成瘾,体质日渐瘦弱,从而戴上了"东亚病夫"的帽子。在戊戌变法失败之后,他看见了封建专制的腐朽和封建臣民的奴性,以过人的胆识发出"民强则国强"的时代强音,把育"新民"、铸"国魂"视为消除中国积弊的根本路径。

　　梁启超在戊戌变法失败后流亡日本,日本明治维新的成功经验使他认识到体育对当时中国"国民性"改造之必要。他认为中国近代以来虽然在学习西方的技术,但是以当时国民的不觉悟状态,只是天天开矿务、习洋操,这些充其量不过是"披绮绣于粪墙,镂龙虫于朽木"。所以当时中国最急需的不是器物层面的变革,而是精神文化层面的变革,国民性改造是刻不容缓的任务。对于体育教育,梁启超更是将其放到了影响国运兴衰的高度。他在《新民说·论尚武》中写道:"体魄者,与精神有密切之关系者也,有健康强固之体魄,然后有坚韧不屈之精神。"他还提出一个国家如果缺乏具有尚武精神的国民,即使有文明、有智识、有众民,也难以自立于剧烈竞争之世界舞台。在梁启超的新民培育蓝图中,尚武精神不是独立形成的,而是在全面发展的教育体系中形成的。他把缔造新民的任务付诸新的教育,从而成为中国最早倡导"德育、智育、体育"三育并重的学者之一。

　　在梁启超的新民思想中,体育成为"锻造新民"的重要手段。他号召"四万万同胞练其筋骨,习于勇力",他认为体育不但可以强身健体、改善人种，而且有利于培养尚武、竞争、利群、爱国等精神。虽然梁启超的"新民"体育思想具有历史局限性，但是它促进了国人现代意识的觉醒，推动了中国社会和体育由传统向现代的转型，使中国走上了国际竞争的自强之路。梁启超所开启的国家主权和"新民"塑造的观念成为百余年来主导中国体育发展的主旋律，对我国当代体育事业发展和公民教育具有重大的历史借鉴意义。

（倪佳慧）

参考文献：

［1］ 张爱红，黄亚玲，徐翔鸿.梁启超"新民"体育思想之研究［J］.北京体育大学学报，2015，38（10）.

［2］ 李杰，李龙洙.简论梁启超的"尚武"体育思想［J］.湖北经济学院学报（人文社会科学版），2010，7（1）.

［3］ 胡超，律海涛.梁启超的体育思想［J］.体育世界（学术版），2008（2）.

4 张伯苓：心怀奥运，体德兼进

张伯苓（1876—1951），原名寿春，字伯苓，天津人，爱国教育家，私立南开系列学校创办者，又以其推广奥运与体育而被誉为"中国奥运第一人""中国注重体育第一人"。

1891年入北洋水师学堂后，他在足球、爬桅等项目上表现优异。体育把幼年孱弱的他变成了健壮有力的英勇青年。1897年入北洋水师舰队后，他亲身经历了"国帜三易"的屈辱场面，深感"自强之道，端在教育"，便立鸿鹄志"创办新教育，造就新人才"。后东渡日本，赴美深造，他在周游期间体味到体育对强国的深远意义，不禁感叹，"教育里没有了体育，教育就不完全""强国必先强种，强种必先强身"。1904年，他开始着手创办南开系列学校，开启了其辉煌灿烂的办学之路。

高瞻远瞩的他是奥林匹克运动的最早倡导者和奥运精神的最早传播者之一。他对奥运的满腔豪情感染着莘莘学子，在他们心中播撒下了奥运火种，促使他们于1908年提出著名的"奥运三问"，而整整一个世纪后的北京奥运会便是东方巨龙对这"三问"交出的完美答卷。正如张伯苓所预言:"奥运举办之日,就是我中华腾飞之时。"

被誉为"体育校长"的张伯苓将一生推崇的奥运精神融入教育,他深谙"体德之兼进,体与育并重"。民国初年体育风气不佳,"锦标主义"横行,赛场上投机取巧、弄虚作假的现象屡见不鲜,无理取闹、大打出手的场面也让人习以为常。张伯苓跟随球队观赛时,发现部分球员沾染了为赢球不择手段的恶习,当即大发雷霆,要求换下他们以示警告。后来他经常对学生进行体育道德的教育,提倡一种"运动仁侠"的精神,要求大家遵守规则、尊重裁判、诚实谦恭,以此促进良好社会运动风气的形成。

在场下,张伯苓也以身作则将该精神发扬光大,使其投射进每位学子的内心里。自1904年开办南开中学以来,对于学生一视同仁的他会厉声教育轻视体育的自大狂,同时也严禁南开运动员搞特殊化,主张"绝不以一害其他"。他定下规矩:运动员从外比赛归来照样要完成考试,违背校规者、功课不及格者一律禁赛或开除。在1915年曾经就有这样一名为南开足球队夺冠立下汗马功劳的优秀守门员,赛场上的他高接低挡,英勇无比,而赛场下的他却有好几门文化课考试不及格。张校长虽扼腕叹息,但仍力排众议,坚决禁止其参加1916年的球赛。当时负责球队的教师和队内成员无一不帮着求情,张伯苓虽深知该队员的重要性,但就像他要求孩子们在赛场上遵守规则一样,在赛场下他也要为了捍卫原则而忍痛割爱。

张伯苓知行合一,以身作则地教育学生们坚守原则,可谓身正为范。对规则抱有敬畏才能稳步前行,在原则上坚守底线才能心安理得。他对学生在赛场内外不断引导与教育,并且让学生通过自己的实践不断磨炼,因为他深知只有这样才能真正做到"立德树人"。体育精神绝不能仅仅停留在运动层面,更要发散到学生一生的为人处世中。在张伯苓功勋卓著的办学之路上,他始终坚信"德智体三育不可偏废"。这与如今"五育"并举、全面发展素质教育的理念及奥运精神不谋而合。

(张鹤)

参考文献：

［1］王彦力.张伯苓："中国注重体育第一人"［J］.中国德育，2017（23）.

［2］王鑫.张伯苓学校体育思想的现代意义及启示［J］.体育科学研究，2017，21（2）.

5　马约翰：健身育人，矢志不渝

马约翰（1882—1966），出生于福建厦门，是我国近代体育史上著名的体育教育家。他1911年毕业于上海圣约翰大学，工作期间曾两次赴美国春田学院进修。在大学读书期间，他擅长中长跑，是学校足球、网球、棒球、田径代表队的主力。1936年，马约翰作为中国代表团田径队总教练参加柏林奥运会；1914年至1966年在清华大学任助教、教授、体育部主任等职务；1949年10月和1952年6月，先后两次当选为全国体育总会副主席；1953年，被中央政府任命为国家体委委员；1954年，当选为第一届全国人民代表大会代表。在从事体育教学52年的实践中，他研究过体育运动规律，参考国内外经验发表过《体育运动的迁移价值》《我们对体育应有的认识》等论文，更为清华体育传统和体育精神的形成与发扬光大做出了巨大贡献。正因为如此，他受到了毛泽东、周恩来、朱德等党和国家领导人的亲切接见，并被委以重任。他被誉为"提倡体育运动的活榜样"，又被称为"中国体育的一面旗帜"。

马约翰在1954年发表的《我的健康是怎样得来的》一文中反复强调"一是每天都要坚持适量的运动；二是要经常化，要持久的坚持；三是要全面，锻炼多样化"，以及"生活上还要有良好的卫生习惯，有规律地工作和休息，以及适当的营养"。马先生所强调的这些无一不需要持之以恒。在旧中国，"体育救国"的美好愿望终究没能变为现实，但拥有一颗赤诚爱国之心的马约翰不仅在业务上取得了光辉成就，而且在每一个关键时刻也都能够满怀信心地把握住方向。解放前夕，很多体育界人士到他家来寻求"对策"。他说："我相信共产党来了，教育还会存在，体育还会存在，共产党是欢迎我们的。"他不光自己留下还劝别人也留下。解放后，在党的领导下，人民终于做了国家的主人。清华大学在早年推行"强迫运动"，马约翰先生亲自带领学生一起锻炼，以身作则，不仅强壮了体魄，还引领了求真至诚的精气神。学校也是社会的一部分，是更早、更根基的一部分，无论在什么时候都不应该丢掉育人的重任。体育锻炼强健的不仅仅是身体，更有智力和体育精神的价值观。

毕生致力于体育教育的马约翰，真正做到了"忠贞不渝"，因而一直受到人们的敬仰。他曾经说过："体育对人民有两个大的贡献，一是用科学方法锻炼人民健全的体格；二是辅助教育，培养人的优秀品质，达到教育的目的。""说到这些年轻人（陈镜开、郑凤荣、容国团）破世界纪录、得世界冠军的好消息，每次我都是欣喜若狂，他们真让我们中国人民在世界上扬眉吐气。谁敢再说我们中国人民是'东亚病夫'？"马约翰为清华工作了50年，蒋南翔在某次会议致辞中号召清华师生："把身体锻炼好，以便向马约翰先生看齐，同马约翰先生竞争，争取至少为祖国健康地工作50年！"从此"为祖国健康工作50年"成为清华人的宣言，时刻激励着他们。而我们，也应践行马约翰的育人观、人才观、体育观、健康观等观念，积极地为应对发展困境贡献智慧，确立改革创新的正确方向和方法。

（付艳丽）

参考文献：

[1] 周小菁，张威，刘静民.马约翰体育思想对大学体育实践的影响探究［J］.运动，2013（16）.

[2] 周学荣，吴明.马约翰体育思想对学校体育改革的启示［J］.体育文化导刊，2008（1）.

6　陶行知：健康第一，自强不息

陶行知（1891—1946），字文濬，出生于安徽省歙县西乡黄潭源村，是中国近代著名的教育家、思想家，他为改革传统教育、创建新教育以及人才培养倾注了毕生精力。

陶行知少年时就喜爱体育运动，那时足球、篮球还没有流行开来，陶行知就和朱家治（崇一学堂同学）经常在歙县谯楼（又名二十四根柱）下面踢实心小皮球。1910年，陶行知由汇文书院直接升入金陵大学文学系。入学第三年，他任校学报《金陵光》的中文编辑，大力宣传救国运动，举办运动会、展览会等活动，以卖门票的方式募集捐款。1912年5月24日，他积极邀请苏州东吴大学的学生来南京联合举办运动会，以售票所得作为爱国捐款。

1927年，陶行知创办了晓庄学校。陶先生规定晓庄学校的学生每天都要进行两小时左右的体育活动。清晨五点，全校师生起床，晨会后，师生开始进行约四十分钟的早锻炼，晨练内容包括跑步和登山等。下午三点到四点是第二次体育活动时间，活动内容包括跑跳、掷举、石担、打拳、摔跤和叠罗汉等。

晓庄学校每年春秋两季都要举行"联村运动会"，前来参加的农民成百上千，非常热闹。1928年4月，学校与周围乡村举行了第一届运动会，成人运动项目包括挑柴、挑粪、举石担、玩石锁、登山、国术以及田径赛等。学生除了团体表演赛，还有个人竞赛，包括跳远、跳绳、掷球、提水竞走、三十米赛跑五项运动。运动会中，陶行知挑着一担粪桶参加竞走，副院长杨杏佛和吴稚晖参加了登山运动。联村运动会将体育运动与生产和生活实践相结合，既增强了身体健康，也提高了生产和生活技能，使生活教育理论在体育教育实践中得到了充分体现。

陶行知在《萧场工学团一周纪念联合运动会歌》中，将运动会的场景描绘得淋漓尽致："有人送礼来，也愿拍拍球。踢的是毽子，打的是拳头；放的是风筝，砍的是斧头；挑的是粪桶，舞的是锄头；玩的是石担，攀的是山头。"

抗日战争开始后，陶行知于1939年7月20日在重庆合川创办了著名的育才学校。陶行知把学校师生们的健康放在首位，他说："首先，我们每天应该要问的是自己的身体有没有进步？若有，进步了多少？为什么要这样问？因为健康第一。"陶行知更是身体力行，时时践履自己的主张。为了让学生们养成良好的生活、卫生、锻炼的习惯，他坚持每天四五点钟起床，参加体育活动。

陶行知基于"生活教育理论"的学校体育思想与主张，是其在教育实践中智慧的结晶，也是留给后人的宝贵文化遗产。他站在人性的高度上，用他那爱满天下的情怀，紧紧抓住了教育的本质，以人的需要为根本出发点，用最朴素无华的语言阐述了教育的真谛。体育是健康的教育，离开健康，一切将无从谈起；体育是自强的教育，失去自强，一切都将苍白无色；体育是生活的教育，脱离生活，一切都将毫无意义。

（卜洪生）

参考文献：

［1］陶行知.陶行知全集［M］.成都：四川教育出版社，1991.

［2］翟帅.陶行知体育观的形成及其时代特征［J］.南通大学学报（社会科学版），2013，29（6）.

7　吴蕴瑞：科学体育，全人教育

吴蕴瑞（1892—1976），字麟若，江苏江阴人，上海体育学院首任院长，一级教授，曾任国家体委委员，上海市体委第二副主任，中华全国体育总会副主席。他是我国现代体育科学的奠基者之一，著名体育教育家。

青少年时期的吴蕴瑞有些单薄瘦小，可偏偏就读的江苏师范学堂体育活动较多。受学风浸染，吴蕴瑞爱上了体育，这也为他之后"从体育一端着力救国"埋下伏笔。1916年初，他就读于南京高等师范学校特设二年制体育专修科；1924年留美，三年后获哥伦比亚大学硕士学位；后赴英、法、德考察。回国后，他曾先后在东北大学、北平师大、中央大学（南京大学）等校任教授。他重新走到讲台上，主讲"人体机动学""场地建筑与设备"及体操，也自此开启了近60年的体育教育人生。"教然后知不足"，在漫长的从教之路上，他一直持续更新自己的知识体系，也因此一次次走到体育理论创新的最前沿。

在20世纪30年代，吴蕴瑞就明确提出："发展国民体育应该从两个方面着手：适应个性发展需要和适应社会发展需要。"他认为，体育，更重要的目的是人的全面发展，只不过这种教育有些特别，不是靠读书写字，而是以身体大肌肉群活动为方式——"体育之意义，乃以身体活动为方式之教育也"。在《体育原理》一书中，吴蕴瑞将体育的目标归纳为三方面：第一是机体之充分发达；第二是各种技能与能力之培成；第三是品格与人格之陶冶——最终指向的都是育人。在吴蕴瑞看来，缺失了体育的教育并不完整，而要实现对一个人的完整教育，普及体育必不可少。

建设新中国第一所体育学院，吴蕴瑞可谓是白手起家，没有现成的经验可以借鉴。从教学计划和大纲的制订、教材的编写开始，到引进高水平的师资，重视学科建设，提高办学水平，吴蕴瑞呕心沥血，做了大量的开创性工作，为学校的持续发展奠定了基础。

吴蕴瑞教授治学严谨，擅长于技巧运动和体育原理。讲课时，他常在黑板上画简单的线条图，特别是讲关节时，如关节运动幅度与肌肉发力的关系、机械力对骨组织的影响等内容时，他总会图文并茂。结合图片讲解，抽象的理论一下"活"了起来，学生很容易就弄懂了运动是以骨为杠杆、关节为枢纽、肌肉收缩为动力的道理。在讲下肢运动时，他还会用奔马跑动时的趴地动作启发学生思考。在训练时也会让学生反复想象，体验髋关节、膝关节、踝关节以及足部各关节的活动，比如在短跑时，让学生通过想象奔马的形态来理解短跑的特点。理论上懂了，短跑成绩也提高了……即使担任院领导以后，吴蕴瑞依然站在教学一线。

吴蕴瑞在长达半个多世纪的体育教育生涯中，培养了一批又一批体育专门人才，他们中的许多人都成了新中国体育战线的中坚力量。

（叶萍）

参考文献：

[1] 律海涛.吴蕴瑞体育思想及其核心价值[J].上海体育学院学报，2011，35（2）.

[2] 匡淑平，虞重干.吴蕴瑞之普及体育思想[J].上海体育学院学报，2009，33（1）.

[3] 覃兴耀，顾渊彦.吴蕴瑞体育教育思想探析（下）[J].体育文化导刊，2008
（3）.

[4] 覃兴耀，顾渊彦.吴蕴瑞体育教育思想探析（上）[J].体育文化导刊，2008
（2）.

8　王怀琪：三段教学，寓教于乐

王怀琪（1892—1963），字思梅，江苏吴县人。他幼时体弱多病，于
宣统元年（1909）进上海中国体操学校学习，次年以优异成绩毕业。他先
后在上海商团公立尚武小学、中国体操学校、爱国女中、湖州旅沪公学、
甲种商校、澄衷中学等校任体育教员或体育部主任。他是中国近代著名体
育教育家、武术家。

在长期的教学过程中，王怀琪除了着力介绍近代西方体育活动外，
还注意发掘中华民族传统体育项目，不断丰富学校体育教学内容。例如，
他充分利用近代体育科学知识，悉心研究传统体育项目，然后加以整理
并与现代体操相糅合，从而编成了多套具有民族特色的健身操。他发表
了《订正八段锦》《易筋经二十四图说》《分段八段锦》《八段锦舞》，以及
《徒手游戏三百种》《跑冰术》等十余本书籍。这些书籍都很受新旧社会欢
迎，不断再版。他还精于民族传统体育，也因此曾兼任精武体育会的器械
部主任。

在20世纪20年代，王老师结合课堂教学研究创造了体育的"三段教
学法"，这是对传统体育教学方法的改革。"三段教学法"一经提出就受到
广大中小学体育教师的欢迎，也极大促进了学校体育向理论化和体系化方
向发展，因此迅速在上海得到推广，并影响至全国。王怀琪将三段教学法
还编成了《三段教材》，教材的全名是《走步、体操、游戏三段教材》，分
"正编、续编、三编"，分别由国光书局于1924、1925、1932年出版发行。
书中的三段是指：第一段为走步教材，包括整顿、转法、步法、变排、分
队及各种圆转走法；第二段为体操教材，包括徒手柔软体操和轻器械柔软
体操两类；第三段为游戏教材，分为徒手游戏、用器游戏、非正式球戏、

拟战游戏、唱作游戏和舞蹈游戏。续编则为补充教材，包括武术、田径、球类运动、单杠、叠罗汉等教材和运动会规则、运动标准、各种表格样式等。《三段教材》取材丰富，内容实用，在学术上也相当有价值，出版以后，颇受中小学体育教师的欢迎。《三段教材》分别适用于体育课不同阶段，与当时流行的三段教学法相适应。

王怀琪创造的强身健体之方法，有如瑰宝，传于后世，利国利民。

（滕一波）

参考文献：

[1] 崔乐泉.中国体育通史（第三卷）[M].北京：人民体育出版社，2008

[2] 麻晨俊，高亮.民国高产体育家王怀琪思想之研究 [C].中国体育科学学会.第十一届全国体育科学大会论文摘要汇编.中国体育科学学会，2019：1448-1450.

[3] 余晋宏.王怀琪体育思想研究 [D].广州大学，2019.

9 叶问：徒手对枪，不畏强敌

叶问（1893—1972），祖籍广东佛山，世界咏春拳第一人，中国武术一代宗师。出身书香世家，7岁时，拜师入陈华顺门下；16岁，赴港求学；而后返回佛山随梁璧学武。在日军攻占佛山后，叶问因过人功夫，早被日本宪兵队闻悉。日军准备邀请叶问担任日本宪兵队的武术教练，但叶问不愿为日本人效力，因此被迫离开了佛山。1950年，叶问赴香港，开始教授咏春拳，开宗立派。其后子弟门人孜孜努力，将咏春种子散播到世界每一个角落。20世纪60年代，其弟子李小龙赴美国发展，逐步成名，通过电影将咏春拳传播至世界各国。叶问的一生都致力于发扬咏春拳，居功至伟，其名声早已传遍海内外。现今很多国际有名的咏春拳师都出自叶问门下，其可谓桃李满天下。如今咏春拳门人遍及30多个国家和地区。这些都是和叶问的大力推广分不开的。

叶问个子矮小，但青年时的他身强体壮，尤其前臂异常精壮。他注重仪容清洁，喜穿深色长衫，举止斯文大方。走在街上，人们往往把他当成是"当铺里的掌柜"或是"私塾的教书先生"。那么，叶问的武功到底有多高呢？据叶问的外甥回忆说，民国初年，佛山每年都流行"秋色"游行盛会，以展示特殊的传统手工艺，吸引了许多外地游客。1910年初，叶问和他表妹等人一起参加秋色游行，当地军阀的一个排长垂涎表妹的姿色，欲对表妹动手动脚。叶问无奈，只好出手用咏春拳法教训对方，一招就将这位排长打倒在地。对方恼羞成怒，爬起身来就拔出了左轮手枪。眼看一场血案就要发生，只见叶问以迅雷不及掩耳之势握住了对方的枪管，紧接着大拇指直压左轮手枪枪膛，竟然将左轮手枪的枪心压弯，使其无法发射子弹。排长见状大惊失色，知道遇到了高人，只好悻悻离去。

　　叶问徒手对枪的故事，充分展示了他勇敢顽强、不畏强敌的英雄气概。他毕生的成就，是将咏春拳原本秘而不传的教授方式调整为简单通俗、显浅明了的教授方式，而后开宗立派，使其成为一系名拳。他还创造出完整的拳术课程体系，其子弟也都致力于咏春拳的传扬发展，咏春拳这才得以蜚声国际、载誉全球。叶问和他的弟子们为中华武术在全世界的发扬光大做出了巨大贡献。世界各地的人们也以各种方式纪念叶问，歌颂他对于武术发展做出的种种功绩：20世纪70年代出版的《佛山华侨志》有专文介绍他的事迹；2000年落成的佛山武术博物馆有专设的叶问展室；美国俄亥俄州设有"叶问博物馆"；英国伯明翰的"叶问（海外）国术总会"设有纪念他的专栏；香港"叶问国术总会"挂有他的画像和练功照等照片。

　　除武术外，叶问最大的闪光点莫过于他隐忍的性格和淡然的人性，这是一个真正的谦谦君子、道德义士最高尚的品质，是武林人侠客情怀的最佳诠释。叶问以崇高的武德，将咏春拳推广发展，使中华武术发扬光大，所以叶问终老后咏春拳派同仁一致推崇他为"一代宗师"。

（李姗）

参考文献：

[1] 康鹏，王琰.一代武术宗师叶问 [J].文史月刊，2009（11）.

［2］康鹏，王琰.叶问："从不与人争武功第一"的武术宗师［J］.廉政瞭望，2009（2）.

［3］康鹏，王琰.李小龙的恩师——叶问传奇［J］.传承，2009（1）.

［4］沈莉，侯丽红.浅谈叶问对咏春拳发扬的影响［J］.兰台世界，2013（10）.

10　毛泽东：健民强国，体育先行

毛泽东（1893—1976），字润之，湖南湘潭人，中国人民的领袖，伟大的马克思主义者，无产阶级革命家、战略家和理论家，中国共产党、中国人民解放军和中华人民共和国的主要缔造者和领导人。

众所周知，毛泽东一直是体育运动的积极倡导者和实践者，从20多岁自创"六段运动"到73岁高龄还畅游长江30里，他曾说过："身体是革命的本钱！"

登山是毛泽东的一大运动爱好。毛泽东在登山运动中磨炼出来的坚韧不拔和持之以恒的精神，深深地影响着他的工作和生活。毛泽东常说："爬山是全身运动，既能增强体质，又能观赏风景，还可以使人心胸开阔，只有这样才能看得远，这是一举三得。"1953年12月24日至1954年3月7日，毛泽东带领一个小组在杭州起草新中国第一部宪法，一切工作都是从头开始，压力之大可想而知。在此期间，除夜以继日地工作外，毛泽东还坚持风雨无阻地进行爬山锻炼。一天下午，毛泽东与随行人员去爬五云山，爬到半山腰时太阳已经偏西了，随行人员考虑到他的安全都劝他下山，但毛泽东不愿改变初衷，带着大家直达山顶，而此时天已全黑。下山时，毛泽东不愿走回头路，要从钱塘江方向下山，这条路本就极其难走，天黑更是增加了下山的难度。毛泽东没有退缩，他与同行人员说："爬山就是前进，使人步步登高，可以尽情地享受山中的新鲜空气、阳光和无限风光，锻炼身体，舒畅胸怀。爬上山顶，举目四望，会有胜利在握、心旷神怡的感觉。"那次在杭州，毛泽东先后爬了35座山。

毛泽东体育思想是建立在自然科学和马克思主义哲学基础上的，因而符合体育发展的自然规律。毛泽东体育思想始终有一条主线，那就是把

体育上升到民族和国家兴衰的高度。在旧中国，中国人被污蔑为"东亚病夫"，无不痛心疾首。毛泽东在《体育之研究》中就为改变中华民族体质孱弱的状况而大声疾呼："国力荼弱，武风不振，民族之体质，日趋轻细。此甚可忧之现象也。"1952年，毛泽东为中华全国体育总会题词："发展体育运动，增强人民体质。"这一题词不仅体现了毛泽东体育思想的核心，也成了新中国体育事业发展的指导方针。随着历史发展、社会进步，60多年的岁月不但丝毫没有磨灭这一方针的光芒，还让它变成了新世纪体育发展和建设体育强国的思想纲领。

只有加强意志、勇气、体魄的艰苦锤炼，才能经受住社会实践的考验，在向理想目标奋进的征途中才不至于生出心有余而力不足的空叹。毛泽东从多年的体育实践中提炼出"文明其精神，野蛮其体魄""体育者，养身之道也""体育一道，配德与智育，而德智皆寄于体""无体是无德智也"等重要论点，这些观点至今仍让每个听到的人受益匪浅。

（王秋颖）

参考文献：

[1] 张艳，张建.毛泽东体育文化思想的当代价值［J］.毛泽东思想研究，2018，35（6）.

[2] 马纯红.以人民为中心：毛泽东体育思想与实践的价值坐标［J］.毛泽东研究，2020（5）.

[3] 樊桓伯，包呼格吉乐图.从《体育之研究》管窥毛泽东体育思想［J］.体育世界（学术版），2019（11）.

11　恽代英：体育运动，强身之基

恽代英（1895—1931），生于湖北武昌，中国共产党政治活动家、教育家，中国早期青年运动领导人之一。1913年以优异的成绩考入中华大学预科班，1921年7月加入中国共产党，先后参加了八一南昌起义和广州起义。

他曾说："不言体育而空言道德，空言智识，言者暗矣，听者心厌矣，

究于事实何俾之有？"可见，他是一位非常重视学校体育的教育家。虽然恽代英的一生短暂，但他不仅在教育领域建树颇多，在体育教育方面也取得了巨大成就，并形成了具有自身特色的学校体育思想。他在1917—1919年间撰写了大量有关学校体育的文章，如《学校体育之研究》《运动训练之方法》《与黄胜白先生论中国学体育》等篇，还翻译了《运动训练之正误》《儿童游戏时间之教育》《最良之五分钟体操》等篇，涉及学校体育目标的论述、学校体育具体改革措施的构想、学校体育竞技运动的开展、学校体育要服务于社会等多个方面，其中以《学校体育之研究》最为著名和影响深远。

在新文化运动中，恽代英认为学校必须高度重视体育，并极力主张德智体三育并重，同时，对当时学校中的军国民体育和"选手制"体育都做了十分尖锐的批评。他强调："学校之所谓体育，应对于各学生，无论其体质强弱，平均加以注意；虽无何等特优之运动家，而就学校之天职而言，已无愧为能尽其职者。"恽代英还主张让妇女儿童参加体育活动，提倡专门设立儿童俱乐部，提高妇女争取自我解放的意识，并且注意女性的特点，提出男女的运动应有区别，并为妇女参加体育运动提供了科学的依据。1924年10月，恽代英在《学生运动》一文中进一步阐述了学校体育与社会紧密联系的思想。他号召学生"招收校外青年组织足球、篮球队等团体，在校内或校外附近场地中从事运动"。他提倡进行西方人的各种体育游戏，如乒乓球、网球、舞蹈等轻便易行的项目，还将如毽子、跳绳和"八段锦"之类的传统项目引入学校体育，作为课间活动内容。在体育实践当中，恽代英对自己要求很严格。他工作忙，很少有锻炼的时间，于是就选择一些能在家中进行的项目，早晚挤时间锻炼。1917年，他曾用640文钱定制了一张乒乓球台，其妻沈葆秀又剪了一块珍珠纱，制成乒乓球网。可见他很重视家庭体育锻炼，想尽法子使体育变得日常生活化。

体育承担着不同时代的使命，在不同的时代，人们会产生不同的体育价值认识，从而萌发不同的体育思想和体育行为。体育的价值应包括个人价值和社会价值。恽代英在当时的时代背景下提出体育必须面对全体学生，人人享受参与体育的权利和快乐。教师不仅要帮助促进学生强身健体，还应传授学生强身健体的知识和保健方法，并极力改枯燥的体育为有兴趣的体育。他还特别提倡开设足球这一类集体性、竞争性强的运动项目，因为他认为这些项目能够很好地培养人勇敢、积极进取和团结协作的精神，能体现体育的核心价值。同时，他还将学生的卫生体格检查与体育有效结合，每学期定期把体格检查的信息反馈给学生及教师以提醒体弱的学生特别注意运动，并开列出具有针对性的运动处方。增进学生身心健康，贵在持之以恒的锻炼。为此，他提出每日清晨，学生在校进行一小时或半小时锻炼，练习不间断，则收效易。

恽代英把毕生的精力都投入到教育中，对体育教育有着巨大的贡献。最值得一提的是，他结合中国国情、民情创新性地提出了开展体育教育的新方法，把体育教育同德育、智育完美结合以及培养学生养成健康的生活方式，让学生享受体育运动的乐趣、体验健身运动的益处、成为体魄健全的高素质人才。郭沫若曾评价恽代英："在大革命前后，凡是稍微有点进步主义思想的学生无不受其影响。"可见其思想体系具有极其重要的历史价值。

当下，立德树人、五育并举是基础教育的根本任务，我们在实践体育教育的过程中，要不断汲取前人的实践经验和理论总结，发掘可资借鉴的传承精神，使体育教育与其他教育一样，真正达到并举的境界。因此，恽代英关于体育的理论总结和阐述无疑是我们进行体育教育实践的宝贵财富。传承和借鉴、提炼和融合、内化和出新，我们要在实践中将其不断发扬光大，今天乃至明天的学校体育、大众体育才会谱写出更美的篇章。

（查泉涛）

参考文献：

[1] 李世宏.恽代英学校体育思想研究［J］.体育文化导刊，2011（6）.

[2] 刘美奋，张玉生，刘健.学习恽代英的体育思想　开拓新时期的学校体育工作——纪念恽代英《学校体育之研究》发表80周年［J］.体育文史，1997（5）.

12 贺龙：体育自信，始于朝夕

贺龙（1896—1969），原名贺文常，字云卿，湖南桑植人，中国无产阶级革命家、军事家，中国人民解放军的创始人和主要领导者之一。1955年，贺龙被授予中华人民共和国元帅军衔和一级八一勋章、一级独立自由勋章、一级解放勋章。从1952年11月至1969年6月期间，他一直担任第一任中央体育运动委员会（1954年后简称国家体委、现国家体育总局）主任。

1938年初，一二〇师篮球队正式成立，大家请时任师长的贺龙讲话并给球队命名。他说："我们红二方面军有过'战斗'球队，八路军嘛还是要战斗的，我看就叫'战斗'队吧。""战斗"篮球队由此成立，且日后在贺龙的带领下逐渐打出了名气。1941年，"战斗"篮球队被邀请到延安接受毛主席和朱总司令的检阅。在去延安的途中，球队且战且走，与沿途兄弟部队比了18场赛，无一不胜，一时被传为佳话。此时，贺龙勉励大家不要骄傲。朱总司令也表扬了"战斗"篮球队，称他们在贺师长和关政委的领导下，既做到了"团结紧张"，又做到了"活泼严肃"。

1951年，西南军区体工队有一次到外地比赛时输了，垂头丧气地回了重庆，担心挨贺龙的批评。出乎意料的是，贺龙为激励士气，专门为他们准备了欢迎队伍。他说："部队打仗不可能百战百胜，运动队也是一样，不可能百战百胜。"

1952年，"战斗"队已经从一个只有十几人的篮球队，发展成为一支拥有好几个项目共200多人的队伍了。随着老队员的退役、新鲜血液的注入，队伍里出现了新的思想上的问题。许多人认为练体育没有前途，队员们把教科书带到球队，在训练和比赛之后，就各自埋头去读自己的专业书。有的甚至还会闹情绪，暗暗抹眼泪……1952年11月15日，中央体育运动委员会正式成立，并推举贺龙为体委主任。他对运动员们说："毛主席、中央让我当国家体委主任，是周总理、小平同志点的将。社会上不是有人瞧不起搞体育的，说运动员是'吃球饭的'吗？从现在起，我贺龙就是中国第一个'吃球饭的'！"

作为共和国体育的奠基人，贺龙的体育思想具有广泛的包容性，内涵十分丰富。他认为："开展体育运动能够有效促进人民健康，增强人民体质和充分发扬人体劳动能力，并能帮助培养人们的勇敢、坚毅、机敏、刻苦耐劳、守纪律、乐观和集体主义的优良品质。"作为体育人，我们应该像贺龙元帅那样，相信并通过实践去实现体育的独特教育价值，通过运动技能的学习，增强身体素质，培养良好的体育品德。

（马龙蛟）

参考文献：

[1] 贺晓明等.共和国体育的奠基人——贺龙［M］.上海：上海锦绣文章出版社，2014.

[2] 刘少英，文兰.贺龙体育思想对中国体育发展的影响［J］.成都体育学院学报，2012，38（4）.

[3] 董念黎.贺龙的体育思想和世界体育强国［J］.体育科学，1987（4）.

[4] 张彩珍.论贺龙的体育思想［J］.体育科学，1986（4）.

13　宋君复：智体结合，以德育人

宋君复（1897—1977），浙江绍兴人，中国近代体育史上的著名体育教育家。清光绪三十一年（1905），宋君复进私塾读书，两年后转入浸礼会所办小学求学，毕业后考入杭州第二中学的前身杭州蕙兰中学。1916年，他以优异成绩考取公费留学美国，先在柯培大学学物理，毕业后，因感我国体育之稚嫩，又进美国麻省春田学院专攻体育。回国后，他执教于蕙兰中学，从1926年起，历任沪江大学、东北大学、山东大学、四川大学体育系主任、教授。

作为中国第一批体育专家、体育教育家，宋君复一生致力于中国体育的发展壮大。在山东大学执教期间，分别于1932年、1936年和1948年征战第10届、第11届和第14届奥运会，成为旧中国唯一一个参加过三次奥运会的人。

中国百年奥运史，是一代代人不断探索的过程。在中国奥运史的长卷上，许多奥运首开纪录展示着中国人不屈不挠的拼搏和奋进精神。

"九一八事变"后，国民党政府拒绝中华全国体育协进会的要求，宣布不派运动员参加第10届洛杉矶奥运会。但此时，日本帝国主义却要派遣东北选手刘长春、于希渭代表伪"满洲国"参加奥运会。原任东北大学体育科教授的宋君复，此时刚从沈阳到国立山东大学，而刘长春是东北大学体育科的学生，两人有着良好的师生关系。在老师宋君复的强烈感召下，刘长春在《体育周报》上发表声明说："苟余之良心尚在，热血尚流，又岂能忘掉祖国，而为傀儡伪国做马牛。"后来，中华全国体育协进会将计就计，在宋君复等人的精心运作下，以刘长春为唯一运动员，组团参加了第10届奥运会，这是中国第一次派遣运动员参加奥运会。当时，中国代表团正式成员仅有三人，分别是领队郝更生、教练宋君复和运动员刘长春，而代表团的实际领军人物正是宋君复。大赛闭幕后，宋君复与刘长春应世界青年大会的邀请，参加了主题为"九一八事变"的演讲。为了这次演讲，宋君复彻夜准备发言材料。在演讲时，他慷慨陈述，揭露"九一八事变"真相，澄清了诸多问题。他那流利的英文让与会者陡生敬意。

宋君复倡导将智育与体育密切结合，要求学生德智体全面发展。在体育教学方面，他强调要永久保持淳厚的学风和传统的精神。体育的实施，必须合乎教育原则，也必须努力合乎教育哲学及教育心理学。他认为在运动场上，人们能学到在书本上所学不到的东西，譬如守规则、合作、刻苦、奋斗、不自私自利的精神等，而这种种美德，将来又能帮助人们在其他事业上取得成功，中华民族也需要这样的青年去担当重任。宋君复在体育理论与体育实践方面均为民国体育的发展做出了较大的贡献，无愧于学者型体育家之美誉。他曾两度赴美留学，在向西方学习的过程中，基于中国本土的体育现状对体育思想进行了改造，并在长期的体育实践中形成了系统化的体育观。

宋君复始终将道德培养视为人才培育的核心目标，并提倡"运动场即道德的训练场"。由此，他将道德教育纳入学校体育教育体系之中，使得学校体育的德育价值深入人心。

（顾鸣丹）

参考文献：

[1] 刘欢.民国体坛元老宋君复三赴奥运会：策动刘长春参赛［N］.人民政协报，2012-08-17.

[2] 王晓易.奥运记忆：中国和平崛起的一个侧影［N］.中国青年报，2008-09-10.

[3] 周晓刚.宋君复体育观研究［D］.浙江师范大学，2019.

14　刘长春：单刀赴会，创造历史

刘长春（1909—1983），大连市甘井子区人，中国男子短跑运动员，历任第五届全国政协委员、中华全国体育总会常委、中国奥委会副主席、辽宁省体育协会副理事长、第四届辽宁省政协常委等职。1927年底就读于东北大学体育系，1932年毕业。1932年7月8日，他代表中国参加了在美国洛杉矶举行的第10届奥运会，成为第一位正式参加奥运会的中国运动员。1936年再次代表中国参加在柏林举行的第11届奥运会。

1931年，国际奥组委向中国发出参赛邀请函。由日本扶植的伪"满洲国"为了尽快在国际社会打开知名度，极力主张刘长春、于希渭（中长跑运动员）参赛，甚至许以高官厚禄。面对日寇的利诱，刘长春当即在《大公报》上声明："苟余良心尚在，热血尚流，又岂能忘掉祖国，而为傀儡伪国做马牛。"于希渭则对外称病，拒绝代表伪"满洲国"参赛。与此同时，南京国民政府为了不惹怒日本人，以经费不够为由，宣布不派选手参赛。面对这种情形，张学良决定以个人名义捐出8 000银圆，作为中国奥运代表团参赛的专款。由于被看押在大连的于希渭一直无法脱身，刘长春最终只得"单刀赴会"。1932年7月6日、7日，上海新闻界、体育界及团体，为刘长春饯行，将近2 000人出席。7月8日，刘长春及宋君复自上海搭乘邮轮，出发前往美国洛杉矶，展开中国奥运首航。邮轮在7月29日抵达洛杉矶，30日下午举行了开幕典礼。刘长春在经过3个星期海上旅程后，体力早已大受影响，因此原来报名的3个项目，他只参加了100米和200米，400米则因体力不支，没有出场比赛。

参加的两个项目，在分组中都是最后一名，未能晋级。比赛结束后，刘长春因路费不够，而无法回国，后来是在当地华侨的捐助下，才回到中国。

正是1932年这一年，两万东北抗联战士正在家乡抗击着二十万日本关东军，而在大洋的另一边，身着象征着白山黑水的上白下黑运动装的刘长春则在奥运赛场上以独特的抗争姿态展示着中国人的尊严，传达出一个古老民族追赶世界的坚定信念。

1933年在第5届全国运动会上，刘长春以10.7秒和22.0秒的成绩再创100米、200米两项全国纪录，夺得冠军。其中10.7秒的100米纪录保持长达25年之久，直到1958年才被新中国运动员梁建勋打破。

1936年刘长春第二次代表中国，参加在德国柏林举行的第11届奥运会，由于28天的海浪颠簸，体力消耗较大，而未能取得好的成绩。

如今的中国已然成为体育大国，不管是在奥运会还是在各大体育职业联赛的赛场上，我们都能看到国人的身影，但是我们不能忘记内外交困的岁月里凭借着单刀赴会的勇气和决心漂洋过海的奥运第一人。只有铭记历史，学习前辈身上艰苦奋斗、勇敢前行的精神，不断提升自我，我们才能实现体育强国梦，实现我们的中国梦。

（滕一波）

参考文献：

[1] 张学海.刘长春体育思想研究 [J].贵州体育科技，2018（1）.

[2] 朱元宝.刘长春参加第十届洛杉矶奥运会始末 [J].大连近代史研究，2018，15（0）.

[3] 郝好雷.刘长春对我国体育发展的影响 [J].兰台世界，2014（1）.

[4] 孙喜和，范珍，李柏.刘长春参加第10届奥运会过程分析 [J].体育文化导刊，2009（5）.

15 程登科：民族体育，社会完人

程登科（1902—1991），湖南衡山人。近代著名的体育教育家和体育活动家，近现代体育的开拓者之一，"完人教育"思想的先驱者，"民族体育"思想的主要倡导者。从学生时代开始，程登科就对体育有着浓厚的兴趣，大学毕业后及从国外留学归来一直从事体育教学研究、行政管理等工作，对体育与国家富强、民族复兴的联系有着独特而深刻的见解。

"九一八事变"爆发之后，日本帝国主义正式发动侵华战争，东三省沦为日本的占领地，抗战救国的呼声一下子空前高涨起来，"救国存亡，复兴民族"的口号在社会各界此起彼伏。1932年，中国体育代表队接连在洛杉矶奥运会和远东运动会中失利，对此，程登科正式提出"民族体育"的主张。"民族体育"并不是通常所说的"民族传统体育"，也不是"少数民族体育"，这一名词乃是程登科之首创。对于"民族体育"的内涵，程登科解释道："民族体育乃根据三民主义的民族主义和复兴民族的口号为原则，是将现在的洋土体育打成一片而创造的属于中国的'民族体育'，要有所应用，能够增强国防力量。"程登科提出"民族体育"也并非故意标新立异，而是因为社会环境的限制。程登科所倡导的"民族体育"观念，既是体育的一种实施方向，也是一种教育思想。国家处在生死存亡的时刻，提倡为国家而体育，为民族而体育，以激发民族意识和体育救国为出发点，把体育当作强国和复兴民族的工具。

程登科作为体育教育家，一生都与学校体育紧密联系在一起，他担任过十几所学校的体育教授，十分重视学校体育教育的作用。程登科指出："体育是健强公民的基础，是改换风气和复兴民族的出发点。"因此，程登科以"德智体艺美"五育作为学校体育的目标。他说，"体育不仅可以让学生们有健康的身体，而且通过体育教育，可以养成社会的'完人'。而所谓的'完人'应该是五育并重的健全国民，还要作为国家的后盾"。由此可见，在程登科看来学校体育应以"完人教育"为中心目标。体育训练可以使学生肌肉、器官及关节健康发育，身体素质提高，身心舒适发展；还能促进脑部发育及联络各个脑系统以增强学生智力；培养学生光明正大、诚实无欺的德行和遵纪守法的美德；也能陶冶情操，提升身体美感，打造健美的体魄，使身体放松显示天然美感。此外，体育活动还可以促进人与人之间的和平相处、团结协作，进而推动社会的良性发展。

　　现如今，我国社会经济、文化事业前景一片大好，体育事业的发展被纳入"体育强国"的行列之中。处在这个最好的时代，深入挖掘过去老一辈体育家的学术遗产，不仅可以为当前我国体育事业的发展提供一定的参考借鉴，更是对他们为了国家富强、民族复兴而不懈奋斗的伟大精神的最好继承。

（郝宏宇）

参考文献：

［1］刘渝，程远义.程登科的体育生涯与思想历程［J］兰台世界，2015.

［2］潘卫成，齐红梅，周景晖.程登科体育思想分析［J］体育文化导刊，2014（12）.

16　蔡龙云：习武之人，武德为先

　　蔡龙云（1928—2015），山东济宁人，中共党员，我国武术泰斗、著名的技击家，中国武术九段。他出身武术世家，是我国武术前辈蔡桂勤的儿子。曾任上海华联同乐会体育部武术教练。建国后，历任上海武术界联谊会常务执行委员，中央体育学院竞技指导科武术队政治辅导员，上海体育学院武术教研室主任、副教授，中国武术协会副主席，国家级武术裁判员。

　　在父亲严格的要求下，刚满4岁的蔡龙云便开始武术训练，蔡桂勤总是对蔡龙云说："人要想有出息，必须接受锻炼、吃苦。"蔡龙云没有辜负父亲的厚望，9岁的时候他的拳术已相当精熟。迎面三脚、八步连环、罗汉十八手、少林疯魔棍，这些难度较大的功夫，他已经练得有模有样。他演练的祖传华拳，十二套拳路打得风格醇厚，刚猛、飘逸、挺拔、俊美。老一辈武术家曾这样称赞蔡龙云的华拳："动如奔獭，静如潜鱼，进如风雨，退若山岳。"

　　20世纪40年代，上海人民受着国民党反动派和帝国主义的双重压迫，那些洋人向来看不起中国人，更看不起中国武术。他们耻笑中国人是"东亚病夫"，那些搞武术的人是"走江湖""耍拳头"的，"中国武术是没有实用价值的"。因此，西洋拳击界的一伙人曾多次向中国武术界进行挑战，试图比个高低。1946年9月2日，蔡龙云击倒专门来中国挑战的美国重量级"拳王"鲁塞尔，赢得了"神拳大龙"的名号，被世人称为"活着的霍元甲"。这一战振奋了国人士气，让彼时受尽嘲讽的中国武术和中华民族得以扬眉吐气。

蔡龙云多年从事科研和管理工作，在理论研究上，他撰写的一至五路《华拳》《五路查拳》《武术运动基本训练》《剑术》《少林寺拳棒阐宗》等，博得了广大武术爱好者的称赞。其中《武术运动基本训练》和《一路华拳》对李小龙产生了巨大的影响。李小龙生前著作《基本中国拳法》中有许多章节译自蔡龙云的《武术运动基本训练》。而在李小龙电影代表作《龙争虎斗》中所使用的得意技"击步三步落地旋风脚"就是出自蔡龙云的《一路华拳》。

蔡龙云认为现在的年轻人学拳跟自己那会儿不一样，现在的很多人嘴上喊着要学，可真教会了他们一套，他们就不练了。真功夫是需要一招一式细心揣摩的，不经过时间的打磨不可能练出真功夫。

蔡龙云先生认为习武之人必须是以德为先、以德为本、以性情为贵。所谓武德，就是从事武术活动的人，在社会活动中所遵循的道德规范和所应具有的道德品质。在中华民族的历史上，历代习武的英雄豪杰都把忠于国家和民族放在自己所遵循的武德之首位。蔡龙云先生以自己少年时代令中国人扬眉吐气的行动践行了他高尚的武德风范，这将永远成为中华习武之人弘扬爱国主义精神的典范。

（胡健）

参考文献：

[1] 郑海娟，赵光圣.蔡龙云武学思想研究的意义与构想［J］.上海体育学院学报，2010，34（6）.

[2] 张路平，赵光圣.蔡龙云武术思想研究 [J].体育文化导刊，2010（5）.

17　王富洲：高山有尽，攀登无涯

王富洲（1935—2015），河南省周口市人，中国著名登山运动员，曾任中国科学探险协会常务副主席兼秘书长、中国登山协会顾问、中国登山协会主席。1958年，王富洲于北京地质学院毕业，同年参加登山运动，登上苏联境内海拔7 134米的列宁峰，次年登上我国新疆海拔7 546米的慕士塔格山。1960年5月25日，王富洲带领中国登山队从北坡成功登上地球最高的山峰——珠穆朗玛峰，他是世界首位从北坡登顶珠穆朗玛峰的人，同时也是中国首位登上珠峰的登山运动员。

珠穆朗玛峰直升机无法悬停、最低气温−50℃、冰雪深度3.5米、氧气含量只有海平面的27%、常见12级飓风……光是这些数据就叫人望而生畏。珠峰因此被人们称为生物的禁区、人类的死亡地带。20世纪50年代，英国和瑞士登山队先后从尼泊尔境内的南坡成功登顶珠峰，但始终无人从中国境内的北坡登顶，以至于世人得出结论：北坡是"连飞鸟也无法飞过"的山峰，想从这儿攀登几乎是不可能的。那么，很多人就不禁要问，为什么要攀登珠峰？英国探险家乔治·马洛里说："因为它就在那儿。"但对于20世纪60年代的中国人来说，攀登珠峰则有着更重要的意义。1960年，正是我国的困难时期：由于忽视了客观的经济规律，加上对社会主义建设经验不足，以及自然灾害和苏联片面决定撤走专家，撕毁经济建设合同，我国经济出现了严重困难。此外，珠峰作为尼泊尔和中国的边界，此前的归属一直存在纷争，理由之一就是：尼泊尔人已从南侧登顶宣示主权，中国人却没有从北侧登顶，无法证明领土归属。团结、拼搏、不服输的民族精神此时在王富洲血液中涌动着，他要去征服珠峰，宣示主权！

1960年3月19日，中国登山队陆续开展了三次适应性攀登，由于恶劣的气候因素，两名登山队员在攀登过程中牺牲，多名登山队员因严重冻伤只能退出攀登。在这关键时刻，周恩来总理做出指示："一定要登上珠穆朗玛峰。"5月17日，王富洲任中国珠穆朗玛峰登山队突击队长，怀着对

党、对祖国、对人民的赤子之心，肩负着党和国家的重托及人民的企盼，他带领队员再次踏上征程，直面种种让人望而生畏的困难和各种突发的雪崩、深渊、大风暴等情况。在攀登过程中，多名队员因体能严重透支、过度疲劳难以继续坚持而退出攀登。王富洲在攀登过程中虽严重冻伤，却一直在负责整个队伍的物资运输和技术安全工作，并始终鼓舞着其他队员克服困难为国争光，最终于5月25日凌晨4时20分和队员贡布、屈银华一起从北坡登顶，将中国国旗插在了珠峰峰顶！他们不仅打破了北坡无法登顶的传言，也实现了人类历史上首次从北坡登顶珠峰的壮举，在世界登山史上写下了光辉的一页。这一壮举极大鼓舞了全国人民战胜困难的勇气，更向全世界宣言：中国的每一寸土地都不可分割，中国的尊严不容冒犯！

王富洲一生忠实诚恳、无怨无悔、先人后己、知足感恩，他带领中国登山队为国登顶、寸土不让，铸就了具有中国特色的登山精神。每一代登山者，怀抱着不同的使命攀登珠峰，而始终不变的，是永怀敬畏、攀登无涯的中国精神。以王富洲为代表的第一代中国登山运动员是勇敢的攀登者，更是精神的引领者。在他们的感召下，一代又一代的攀登者科学求实、直面挑战，让五星红旗在世界之巅迎风飘扬，向世人宣示着中国人永不言败、砥砺前行的民族精神。

（刘先陆）

参考文献：

[1] 人民网—体育频道.王富洲：一代登山英雄的陨落，http://sports.people.com.cn/n/2015/0721/c22155-27338880.html.

[2] 中华网河南.电影《攀登者》原型人物王富洲：从河南西华县走出的国家英雄，https://henan.china.com/news/hot/2019/1011/253040771.html.

18　徐根宝：上下"球"索，精益"球"精

徐根宝，1944出生于上海，现任上海上港集团足球俱乐部总顾问，上海市足球协会顾问。1966年至1975年入选中国国家足球队并担任队长，

1994年至1996年担任上海申花队主教练，三年间率队获得甲A联赛季军、冠军、亚军和一次超霸杯冠军、两次沪港杯冠军。1998年担任大连万达队主教练，获得甲A联赛冠军、亚俱杯亚军。1997年、2001年分别率领广州松日和上海中远升入甲A联赛。2002年率领上海申花夺得超霸杯冠军。

在2000年的时候，崇明岛还处于无人问津的尴尬状态，这时候的徐根宝在忙着签售他的自传。在一条摆渡船上，徐根宝恰好遇到了当时的崇明县县长。寒暄之间，崇明县县长礼貌性地问徐根宝未来有何打算，徐根宝则回应说想搞青少年的足球，崇明县县长回应道："那我帮你找一块空地，就来我们崇明岛搞吧。"这两人都是说到做到的人物，虽然只是在摆渡船上的寒暄之语，崇明县县长很快就帮徐根宝找到了一块在森林公园旁边的空地，徐根宝则在实地考察之后，很快做出了自己的决定，一个在当时乃至今天看起来都极具颠覆性的决定：把自己前半生所有的积蓄，整整800万元人民币，都砸进崇明足球基地。

徐根宝很快就碰上了一个十分棘手的大麻烦——资金问题。他之前的投入虽然不少，可要运营起足球基地，无疑是杯水车薪。为此，徐根宝找了不少以喜爱足球而闻名的商界老板，希望他们能够投资自己的基地，只可惜，在绝大多数时候徐根宝都是失望而归。其中以徐泽宪的说法最具代表性，这位不差钱的老板对徐根宝坦言："没有任何一个商人可以承担十年投资的风险。"可怜他一个从事足球事业大半辈子的老人，又哪里懂得赚钱的那些事儿？于是他只能采取最基本的操作，赚些辛苦钱。比如，徐根宝在自己的足球基地挂起了旅游景点的招牌，一张门票要价5元；他还做上了签售足球的生意，一个签名足球要价100元；再比如，他在自己基地的周围办起了农家乐，时不时还要给客人敬茶敬酒。

从2011年张琳芃在国家队的出彩亮相，到此后各级国家队中，我们看到了越来越多的来自崇明岛的球员——老一代的王燊超、武磊、蔡慧康、颜骏凌等，新一代的刘若钒、周俊辰、徐皓洋、朱辰杰、蒋圣龙等球员们都承载着徐指导的足球梦想。如今鼎鼎大名的武磊，当年的经历就颇具代表性。跟范志毅同一批的球员李红兵，把当时还在念小学五年级的武磊推荐给了徐根宝，见惯了天才的徐根宝当时就眼前一亮，决定把他培养成才。只不过，当时武磊的父母还在踌躇不已，把孩子送入崇明基地，就意味着在学业上差不多走到尽头了。一个当时仅仅在念小学五年级的孩子，一旦足球没能踢出成绩，后果简直不堪设想。好在徐根宝的名气与"江湖地位"摆在那里，武磊的父母在一番踌躇之后，最终还是选择了相信这位老人，把自己的孩子交给了他。为表彰徐根宝对中国足球青训做出的杰出贡献，他成为首批"关爱青少年成长特别贡献奖"获得者。

　　徐根宝无疑是中国最有个性的教练，敢说敢做一直都是他的金字招牌。他是一个永远和命运抗争到底的人。在徐根宝眼里，他看重的是中国足球的未来，而一个有性格的教练注定拥有不平凡的一生。

（鲁晓杰）

参考文献：

[1] 平萍.要缔造中国的"曼联"[N].中国体育报，2007-06-06.

[2] 华南.徐根宝　用梦想支撑人生坐标[J].中华儿女，2013（16）.

[3] 孙科.目标·口号·精神——中国"足球教父"徐根宝访谈录[J].体育学研究，2018，1（5）.

二、新中国成立后诞生的名人体育故事

1　郎平：球场传奇，改革先锋

郎平，1960年出生于中国天津市，中国女子排球运动员，以四号位高点强攻著称，曾任中国女排总教练，2021年率队参加东京奥运会后卸任。她身上光环无数，其中尤为突出的是，她是中国唯一一位既作为运动员又以主教练身份带领中国女排夺得奥运会金牌的人。在2018年12月，她被党中央、国务院授予"改革先锋"称号。郎平"铁榔头"这个称呼，在中国可以说是家喻户晓。她以敬业、精益、专注、创新的工匠精神让中国女排精神得以传承发扬，激励和影响着一代又一代人投身改革开放和中国特色社会主义伟大事业之中。郎平数十年如一日地坚守在排球场上，只有对职业足够敬畏和热爱才能做到这样的全身心投入。这种内心笃定、着眼细节、耐心、执着和坚持的精神，也正体现着我们中华民族敬业乐群、忠于职守的传统美德。她13岁进入少年体校练习排球，在20世纪80年代带领中国女排实现了五连冠。漫漫征程中塑造出的顽强战斗、勇敢拼搏的女排精神，激励着各行各业的人们为中华民族腾飞不懈努力。

退役后，她为了生活、家庭、事业辗转于中国、美国、意大利，无论在哪，她的爱国之心始终没有改变。在2005年与意大利利诺瓦队合约结束后，她踏上去美国执教的征程。当时国内舆论一片哗然，质疑声很大，因为2008年北京奥运在即，这无疑给中国队增加了一个潜在的对手。从最后北京奥运会的成绩看，经过郎平几年的指导，美国队从世界二流之队一下子获得了奥运会亚军的好成绩，这充分肯定了她的业务之精干、能力之突出。对于外界的舆论，郎平的这么一段话作出了最好的回应："我执教美国，绝对不是为击败中国队，我是作为一名职业教练接受这份工作的，希望能为排球事业做出点贡献，我是属于中国的，无论走到哪，时刻记得我是一名中国人。"

正是由于这份担当，她始终心系祖国。在1994年第12届巴西女排锦

标赛上，中国女排昔日的王者风范荡然无存，只获得第八名的成绩。郎平受命于危难之际，她用之后的五年帮助中国女排重拾往日的自信和辉煌，奥运会亚军、世锦赛冠军、亚运会冠军等荣誉都被中国女排收入囊中。按理说她早该功成名就过上清闲舒适的生活，但是当祖国需要她时，她再度出山，于2013年再次被任命为中国女排主教练。二次出山难度可想而知，要想再次走上巅峰，需要克服常人难以想象的各种困难。女排运动员张常宁曾这样说："当我在球馆里一次又一次做基本功练习时，我体会到了郎平教练对于日常训练细节的严格要求，特别是在国家队还要花这么多时间打磨细节，真是让我受益匪浅。"细节决定成败，正是因为这种心境的磨炼和提升，在2016年巴西里约热内卢奥运会上，新一代女排运动员时隔12年后再次荣登最高领奖台。

"不经历风雨，怎么见彩虹。"这句歌词用在中国女排身上最为恰当，如今，中国女排精神也已经成为展示国家民族精神的一张名片。正如郎平所言："与其抱怨别人，不如做出点成绩，让别人反思对你的态度。"我们每个人都要学习这位中国女排总教练的这种工匠精神，在各自的本职岗位上超越平凡、实现梦想。

（陶佳乐）

参考文献：

［1］邝宏达，徐礼平，李林英.教练员心理资本对工作绩效影响的质性研究——以郎平为例［J］.中国体育科技，2018，54（1）.

［2］刘兵.从"郎平现象"看体育强国建设对教练员的要求［J］.中国体育教练员，2015，23（1）.

2　李宁：坚强不屈，逐梦前行

李宁，1963年出生在广西来宾一个普通的家庭。他7岁踏上学习体操之路，17岁时被选入国家队，那时的他渴望有朝一日能拿到奥运冠军，为国争光。18岁的他就在世界大学生运动会中荣获三项冠军，19岁横扫世界杯体操赛场一举夺得6枚金牌，创造了世界体操史上的神话。值得一提的是，1984年洛杉矶奥运会，21岁的李宁夺得3金2银1铜，占当时中国奥运军团奖牌总数的五分之一。就这样，李宁站在世界体操之巅，一时间成为举国仰慕的大英雄，被人们誉为"体操王子"。

1988年汉城奥运会，那时的李宁在训练中身体负伤，不时复发的伤痛已然成为他夺冠的"拦路虎"。他的竞技状态直线下滑，在实际操作中屡次出现吊环挂脚、跳马坐地等失误。可是人们并不知道他身带伤病，一次次失误后面带微笑地起身，甚至还被误解为对比赛的"不尊重""不在乎"。一时间，嘲讽和谩骂不绝于耳，身处舆论漩涡的他不得不抱憾告别为之奋斗19年之久的体操舞台。但他是打不垮的李宁，他要跨越过去的辉煌，秉承自己的初心，重拾信心去迎接新的挑战。

在人们看来，"体操王子"为国争光的梦想已经破灭。然而，离开赛场的李宁，并没有丧失斗志，他将获得的一切荣誉归零，转而下海经商，让梦想重新出发。他孤身前往广东三水，投奔迫切希望自己加入健力宝的忠实"粉丝"——李经纬。李宁的这次下海恰好为开启李经纬和李宁两人的商业合作提供了契机。

李宁吃苦耐劳的精神加上李经纬在商场中敏锐的嗅觉，再加上默契的配合，两人共同开创了"健力宝时代"。此时小有成就的李宁心中还一直惦记着国家体育事业，虽然自己不能再亲自出征为国争光，但是让运动员们穿着中国品牌制造的服装在赛场上拼搏，这也未尝不是一件为国争光的大事！然而服装行业是一个未知领域，究竟要不要放手一搏？兵败汉城一直是一个痛点，就这样大张旗鼓地创建"李宁"品牌，老百姓能接受吗？经过反复考量，最终李宁决定放手一试，虽然前路未知，但是"爱国心"支撑着他一次又一次地克服困难，勇往直前。事实证明李宁的眼光是独到且具有远见的，他用敢闯、敢拼的精神，成功打造出了"李宁"品牌服装，老百姓心中的"体操王子"又回来了。他从运动赛场到商场，华丽的转身赢得了大家的尊重，他的爱国情怀同样赢得了大家的尊敬。

在1992年巴塞罗那奥运会上，"李宁"品牌被选为中国体育代表团专用领奖装备的供应商，从而结束了中国运动员在奥运会上穿着国外体育品牌服装的尴尬历史。"李宁"现已成为奥运赛场上众多国家的指定品牌。

在2008年北京奥运会上，李宁与画卷同跑，点燃奥运火炬，那一刻，光芒万丈，全国人民共同见证了"体操王子"的风采。在另一个领域创造一番新天地，不仅是一个运动员的华丽转身，更是体育人坚强不屈的品质，怀揣梦想，砥砺前行，坚信"一切皆有可能"！

（汤炳奎）

参考文献：

[1] 晓行.李宁从"体操王子"到"财富明星"[J].企业文化，2007（5）.

[2] 李宁.从"体操王子"到商业大亨[J].环球人物，2008（24）.

[3] 秦楚.李宁："体操王子"续写人生传奇[J].魅力中国，2008（20）.

3　邓亚萍：从"丑小鸭"到"乒乓女皇"

邓亚萍，1973年出生于河南省郑州市，世界著名乒乓球运动员，国内外家喻户晓的"乒乓女皇"。5岁起学打乒乓球，15岁进入国家队，她既是乒乓球大满贯得主，也是乒乓球史上排名"世界第一"时间最长的女运动员，曾在乒坛世界排名连续8年保持第一。同时，在其14年的运动生涯中，共拿到了18个世界冠军，4枚奥运金牌，是中国奥运历史上第一个夺得4枚奥运金牌的人。邓亚萍球风犀利，敢拼敢打，步法灵活，进攻意识极强。她身经百战，多次取得骄人战绩，为国家增光添彩。回眸历史，在邓亚萍所参加的众多比赛中，1990年北京亚运会女子乒乓球项目的中韩对决让人印象深刻，记忆犹新。因为这届赛事在邓亚萍的乒乓球职业生涯中具有转折意义——开启了世界女子乒坛的"邓亚萍时代"。

在1990年北京亚运会的乒乓球女团决赛中，中韩再度相遇，强强对话，吸引了国内外众多媒体的目光，场内座无虚席，群情激昂。在中国队开局不利的情况下，第二盘成为本场决赛的最大看点，邓亚萍迎战当时"韩国女乒第一人"玄静和。尽管邓亚萍先失一局，但她快速调整，临场应变，在后两局中便牢牢掌握住了比赛主动权。她咄咄逼人的霸气，正手"连珠炮式"进攻如同狂风暴雨，逼得对手喘不过气来，最后以3比1战胜对手，也最终帮助中国队重夺女团冠军。在随后的女单和混双比赛中，邓亚萍又豪取两金，共斩获3金1银，将中国女乒推向了一个前所未有的高度。央视媒体评论道，邓亚萍在本届亚运会中所表现出来的高超球技和高昂的斗志令对手折服，世界女子乒坛"邓亚萍时代"的幕布也由此拉开。

其实，邓亚萍一路走来，历经诸多困难，其辉煌成就的背后是十倍于他人的辛勤付出和刻苦训练，同时也离不开她坚强的意志力与笃定的信念。在打球之初，邓亚萍由于个子矮，并不被外界看好，甚至遭人冷眼，被戏称"丑小鸭"。但她"不畏浮云遮望眼"，抱定"走自己的路，让别人说去吧"的乐观心态，训练时特别能吃苦，训练之余也自行加倍苦练，一步一个脚印，稳扎稳打，日月交替间，乒乓球成了她的"红颜知己"，最终她用实力奠定了自己"世界女子乒坛一姐"的地位。邓亚萍曾说："竞技体育的残酷告诉了我，人生没有捷径，只有靠自己去拼。"乒乓球的竞技体育之路磨砺了邓亚萍"顽强拼搏，百折不挠，永不服输"的体育精神，以及"相信自我，不畏艰难，勇攀高峰"的个性品质。正如国际奥委会前主席萨马兰奇先生对她的评价："邓亚萍那种不服输的劲头，代表了运动员的风貌，也完美地诠释了奥林匹克运动'更快、更高、更强'的精神。"

（郑继超）

参考文献：

[1] 冯贵家.忘年的情谊[N].中国体育报，2010-04-23.

[2] 祁涛，高冠磊.能指的飘移、选择性解释与激情话语的泛滥——邓亚萍受聘兼职教授事件分析[J].青年记者，2016（23）.

[3] 赵明河.只有不断追求　才能超越自我——访奥运会乒乓球冠军、剑桥大学经济学博士邓亚萍[J].人民教育，2009（11）.

4　刘国梁："乒"搏进取，为国争光

刘国梁，1976年出生于河南省新乡市封丘县，是中国乒乓球队著名运动员，曾任中国乒乓球队总教练，现任中国乒乓球协会主席、世界乒乓球职业大联盟理事会主席。运动员时代的刘国梁多次获得男子单打、男子双打、混双和团体奥运冠军、世界冠军。他是首位在正式比赛中采用"直拍横打"技术并取得成功的乒乓球手，也是中国乒乓球历史上第一位集奥运会、世乒赛、世界杯冠军于一身的"大满贯得主"。在执教生涯中，他也曾多次带领中国乒乓球运动员获得奥运会、世乒赛、世界杯冠军。这些经历和荣誉使他成为当今国内外乒坛最具影响力的运动员和教练员之一。

刘国梁从6岁开始学打乒乓球，1986年，年仅10岁的他随父亲到北京，和北京的乒乓球高手们"过招"。第一站为北京什刹海业余体校，这是北京最好的业余体校，许多世界乒乓球冠军都诞生在这里。通过一轮较量，年少的刘国梁"横扫"什刹海，于是转战第二站先农坛，与北京市乒乓球队"过招"。一轮下来，刘国梁在对阵同年龄段队员时取得全胜，在对阵年龄大一档的队员时也赢了一场。之后，刘国梁在与八一队队员较量的七八场比赛中只输了一场，这引起了八一队教练的关注，刘国梁被快速吸纳进八一队。教练的认真指教加上刘国梁本人的刻苦训练，使他进步神速。刘国梁于1989年进入国家青年队，1991年被破格选入国家队。

1992年6月，中国乒乓球公开赛在成都举行，年仅16岁的刘国梁初出茅庐就一鸣惊人，横扫国内外诸多高手，尤其是将整整陪伴了中国队5届队员的"乒坛常青树"、具有"乒坛皇帝"之称的世界名将瓦尔德内尔挑落马下。"初生牛犊不怕虎"的刘国梁把这场球打得酣畅淋漓，向世人充分展示了"直拍横打"技术。这场比赛的胜利极大地鼓舞了刘国梁和中国男乒队，给当时处于低谷的中国男乒注入了生机和活力。也正是这场比赛让整个乒坛更加重视中国队、重视中国式新打法"直拍横打"。刘国梁也

由此开启了自己在乒乓领域的工匠之路。

2002年，退役后的刘国梁，出任中国国家乒乓球队男队教研组组长兼男队总教练。刘国梁上任后的第一项任务是带队出战多哈世乒赛团体赛。少帅不负众望，他带领王励勤、马琳、王皓、孔令辉和刘国正击败了德国队，成功夺得冠军。这是刘国梁上任后带队赢得的第一个重要赛事冠军。然而人生路上怎能没有挫折，在2004年雅典奥运会上中国队虽然赢得了男双金牌，但王皓输给韩国选手柳承敏使队丢掉了最有分量的男单金牌。刘国梁与王皓并肩离开场馆的那一幕，永远刻在人们心中。正所谓强者终有所为，刘国梁用之后的成绩证明了自己愈挫愈勇的精神。在2005年举办的上海世乒赛上，他带队收获了男单和男双冠军；在2006年不来梅世乒赛的男团决赛中，中国队击败韩国队摘得桂冠；2007年萨格勒布世锦赛，他带队收获男单和男双金牌；2008年广州世乒赛团体赛，国家队获得男团冠军。面对北京奥运会这次大考，刘国梁以完美战绩顺利通过，不仅收获了男团金牌，队员马琳、王皓和王励勤还包揽男单前三名，在世人瞩目的颁奖典礼上同时升起了三面五星红旗，这一刻也被永远地载入史册。自2003年入选男队教练至卸任国乒三军统帅，刘国梁可谓是交出了一份令人满意的成绩单。

作为教练，他在队内训话时如此要求球员："我们最不缺的就是冠军，我们最看重的就是精神。"2018年9月，刘国梁接受了《新京报》"大国匠心致敬礼"颁奖，网友纷纷为他点赞："在这个时代里，在为国球奋斗的道路上，您从未停止过闪耀！"

（赵聪）

参考文献：

[1] 朱智超，刘浩.刘国梁的两次角色转变对国乒的影响［J］.当代体育科技，2019，9（15）.

[2] 张凡.那些"金"光闪闪的银牌——听王瑾讲刘国梁的银牌故事［J］.乒乓世界，2007（3）.

5　姚明：永不放弃，奋勇争胜

姚明，1980年出生于上海，身高2.26米，世界著名篮球运动员、美国NBA"名人堂"运动员，现任中国篮协主席。姚明18岁入选中国队，1999年入选亚洲全明星阵容，并当选CBA2001—2002赛季冠军队"最有价值球员"。2002年，姚明在NBA选秀中被火箭队以第一顺位选中，开始NBA篮球新征程。2008年北京奥运会，姚明带领中国男篮获得世界第八名的成绩。作为中国国家队的核心队员，他对中国篮球的领导力和影响力无人能及。

姚明在美国NBA之所以家喻户晓，是因为他与沙奎尔·奥尼尔的对决。2003—2004赛季，火箭队遇到了如日中天的湖人队，而沙奎尔·奥尼尔正是湖人队的当家中锋。沙奎尔·奥尼尔的内线进攻总能力挽狂澜，他也因此被誉为"大鲨鱼"。姚明能带领火箭队取得胜利吗？比赛刚开始，姚明通过灵活的脚步和火热的手感拿下6分，并送了"大鲨鱼"奥尼尔两记盖帽，火箭队取得领先。但是湖人队"大鲨鱼"奥尼尔马上利用自己的身体优势将比分反超，姚明也不甘示弱，通过与队友的配合，紧咬住比分，硬是将比赛拖入加时赛。加时赛中，他与"大鲨鱼"奥尼尔在内线周旋，吸引防守，为队友制造外线机会。最后10秒，队友传球，姚明高高跃起，接住篮球一记暴扣，锁定了胜局。姚明全场共拿下了10分，10个篮板2次盖帽。在后面的比赛中，姚明也常常将这个强大的对手置于困境。人们非常期待在现场看"姚鲨对决"，一时间，姚明成了美国电视转播率最高的球员，有他出场的比赛，球票也是一票难求。姚明凭借着自己过硬的实力在美国甚至欧洲、大洋洲等国家和地区掀起了一股"中国潮"，他已然成了一种中国品牌、中国标志，不断影响着中国篮球的发展。

面对眼前的成功，姚明并没有沾沾自喜，每当困难和挑战来临时，他总能在逆境中沉着冷静、保持理智、突破自己、获得成功。

2005年男篮亚锦赛期间，在与黎巴嫩的小组赛上，双方打得火药味十足。第二节比赛开始没多久，姚明的下巴被对方一名球员用肘部撞出了一道大口子。休息的时候，姚明只是用一块创可贴简单粘了一下，便要求重新上场。赛后，组委会医生为姚明缝了4针，但是国家队队医杜文亮认为处理得不够好，又重新给姚明缝了一次。当时姚明告诉杜文亮，自己的下巴算上这次已经被缝过66针了。一次聊天，姚明问杜大夫是否知道人的脚底骨有多少块？杜文亮回答是25到26块。然后姚明告诉他，自己的左脚内连钢板带钢钉一共有28枚，也就是平均每块脚底骨上至少有一根钢钉，这让杜大夫大颇感震惊。

姚明的敬业精神和爱国情怀是出了名的。在2005年卡塔尔亚锦赛上，中国男篮在小组赛中击败最强的黎巴嫩之后，已经基本确定以小组第一的身份出线。在这场关键的硬仗之后，主教练尤纳斯安排全体队员休息调整。但是比赛刚打完没多久，姚明就提着毛巾和衣服直奔训练场，无论队员还是队里的工作人员都很好奇。"训练呀！按照计划，我应该还有一节训练课。国家队的比赛完了，还有NBA部分的科目。"姚明说。

多年以来，姚明就是踏着大量的钢板和钢钉在赛场上浴血奋战的，这样的职业精神实在让人钦佩。成功之路就像是一个疗伤的过程，受伤、痊愈、再受伤、再痊愈，如姚明自己所说："努力不一定成功，但放弃一定失败。"

2011年7月20日，姚明宣布退役，那个身着国家队13号、NBA火箭队11号球衣的背影将永远离开我们的视野。然而，他从未离开过篮球事业，2017年，他成功当选中国男篮主席，他依然怀着那颗热爱篮球、热爱祖国的赤子之心，致力于中国篮球改革，推动中国篮球向世界高水平队伍迈进。

（查宝金）

参考文献：

[1] 杨毅.姚明传（第十一回，初入美会战群英）[M].北京：新星出版社，2012.

[2] 曹晋.体育明星的媒介话语生产：姚明、男性气质与国家形象[J].新闻大学，2007（4）.

[3] 张宏成，刘丹，李菲菲，等.姚明现象研究［J］.体育文化导刊，2006（1）.

[4] 刘少华.大众文化时代的体育明星——以姚明为中心［J］.体育文化导刊，2003（6）.

6　邹市明："拳"力以赴，奋勇前进

邹市明，1981年生于贵州省遵义市绥阳县，奥运冠军，现任华东师范大学体育与健康学院教师。他不仅是中国奥运拳击冠军第一人，也是中国拳击世锦赛冠军第一人。在22年的拳击生涯中，他取得了3个世界冠军，2枚奥运金牌及WBO世界拳王金腰带等辉煌成绩。作为中国拳击"破壁人"，他用超出常人的坚强毅力、奋力拼搏的顽强精神、善于思考与总结的创新意识，研究出了一种技巧性非常强的新拳法——"海盗"式拳击。

2003年，邹市明第一次去曼谷参加拳击世锦赛，就击败了来自古巴的对手，拿到了银牌。当时有西方媒体将他这种打拳风格称为"海盗"式——突然猛力攻击后战术性撤退，在对手有所反应前出其不意强势进攻。邹市明自己将这套"海盗"式拳法的战术要领归纳为：敌进我退，敌退我追。这非常像中国红军打游击战时使用的战术，极具智慧！也是因为这种独特的拳法，他成了闻名中外的中国拳王。

2008年的北京奥运会，邹市明怀揣着全国人民的期待，代表中国参加整场拳击比赛中的最后一个项目——拳击男子48公斤级决赛。在比赛的过程中，邹市明发现对手一直在攻破他的"海盗"式拳法，使他在整场比赛中一直处于被动。到了最后一回合，他还落后于对手两点，但他在心中暗暗鼓励自己："加油，挺住，不能输！不能让中国拳击倒退回从前！"带着这样的信念，在最后一分钟，邹市明突然摸到了对手的组合拳，他结合平时刻苦的训练以及比赛所攒下的经验，向对手展开猛烈进攻直至获胜……最后，当裁判高高举起他的手时，邹市明在拳击台上放声大喊，现场的观众与他一起欢呼雀跃。中国终于拿到了奥运拳击赛场上的第一块金

牌！多年后，他对这场"战役"记忆犹新，每每谈及于此，他都恍如昨日，神情中露出比赛时的惊心动魄与获得金牌时的欣喜若狂。

　　当问及邹市明是如何创造出这样一种拳法时，他说与小时候的个人经历有关。童年时调皮的他因为不听话常被母亲打（教训），母亲一打他，他就想方设法地躲，就这样在无形中练成了"绝世身法"。虽然邹市明幽默地解释了他"海盗"式拳法的由来，但实际上这样一种独特的拳法背后，包含着他几十年如一日的刻苦训练与个人的聪明才智。单从身体的先天条件来看，邹市明只有1米62的个头，臂展比身高还短一厘米，要想取得优异成绩，他只能在步法上下足苦功弥补短板。他不怕苦，不怕累，每一场比赛都"拳"力以赴，只为能在世界拳击的擂台上，亮出代表中国的拳头。从他的身上我们看到了全力以赴、奋勇前进的精神，也正是这种精神，不断激励着我们。在对待每一件事情的时候，我们都要全力以赴，尽全力去做每一件自己应该做的事，不留遗憾。有些事，失去了一次宝贵的机会，就永远不会再有第二次了。

（冯宇曦）

参考文献：

［1］张凌云.邹市明奥运冠军的新征程［J］.新西部（上旬刊），2013（5）.

［2］艾国永.中国拳王——专访邹市明［J］.读者（原创版），2012（4）.

7　郭晶晶：跳水皇后，逐梦登攀

　　郭晶晶，1981年出生于河北保定，中国著名跳水运动员，分别在2004年雅典奥运会和2008年北京奥运会上获得三米板跳水冠军；并且和吴敏霞合作，同时蝉联了这两届奥运会双人三米跳板的冠军。郭晶晶在役14年，共获得31个世界冠军，其中4枚奥运金牌、2枚银牌，是继高敏、伏明霞后，中国女子跳水队的领军人物，并被国人称为"跳水皇后"。郭晶晶5岁练习跳水，12岁进国家队。在攀登世界巅峰的奋斗历程中，她两次骨折，伤病一度缠身，加上比赛成绩一度不稳定等多重因素，她曾想过就此放弃职业生涯，但是心中的梦想还是战胜了伤病等各种困难，她毅然投入紧张的训练中。历时多年的训练、比赛沉淀之后，郭晶晶终于有机会在2000年悉尼奥运会崭露头角，面对和当时的国家队"一姐"伏明霞的较量，郭晶晶在预赛、半决赛领先的情况下，最终功亏一篑，输给了伏明霞。虽然拿银牌不能说是失败，但是郭晶晶一心攀登跳水巅峰的信念始终不变。从那以后，她更加拼命训练，每次都把自己练得筋疲力尽，只为了向2004年的雅典奥运会发起冲刺。

雅典奥运会赛场，在历经了4年的调整与刻苦训练之后，此时的郭晶晶脸上褪去了4年前的稚嫩，眼神中绽放着坚定与自信。此次再战雅典，郭晶晶心态平稳，首战和队友吴敏霞合作夺取了女子双人三米跳板的金牌。单人跳预赛中，她跳砸了一个动作，但曾经沧海的她早已经磨出了一颗平常心，后面动作稳定发挥，通过了半决赛后，她的规定动作积分已经升到了第一位，决赛四轮动作下来，郭晶晶几近完美，第二跳就拿下了84.60的全场最高分，第四跳又是一个83.70的高分，得分已经遥遥领先。最后一跳时，郭晶晶平静地理了理头发，走板起跳，向外翻腾一周半接转体两周半，她在空中干净利落地完成了动作，"唰"的一声入水。现场的五星红旗立即挥舞不止，出水后的郭晶晶笑容像碧池中的涟漪般荡漾开来。是的，她成功了，历经多年的沉淀，她终于拿到了奥运冠军，也证明了自己。这个冠军时刻，她终于等到了。同时，一个属于郭晶晶的时代也正式拉开了帷幕。在郭晶晶的影响与带领下，2008年的北京奥运会，中国跳水队再次完美发挥，垄断了全部的金牌，郭晶晶也顺利卫冕了三米板女皇的宝座。

时节如流，2011年初，郭晶晶由于身体原因正式退役。但是她并没有闲下来，而是参加了多个公益性的活动，也积极投身于慈善事业，努力发挥运动员的余热，影响周围的人，传播正能量。在2020东京奥运会上，郭晶晶受国际奥委会的邀请，担任奥运会跳水裁判监督工作，依然发挥着自己对跳水事业的热量，笑容依然像碧池的涟漪荡漾开来，她也因此赢得了人生的冠军。

郭晶晶的故事告诉我们：一个人的成功没有那么随便，只有心怀正能量，付出自己的努力与汗水，你的人生冠军时刻才会与你不期而遇。

（施挺）

参考文献：

［1］ 洪向阳.郭晶晶的"皇后"之路［J］.中国大学生就业，2009（21）.

［2］ 中国跳水队勇创辉煌［J］.游泳，2008（5）.

［3］ 唐勇."我要当最好的！"——记跳水新秀郭晶晶［J］.游泳，1995（4）.

8 李娜：勇"网"直前，"娜"就是美

李娜，1982年出生于湖北省武汉市，中国著名网球运动员，于2014年9月19日宣布退役。李娜在其职业生涯中书写下的精彩篇章，使她被誉为"中国网球第一人"。

1989年，李娜师从网球教练夏溪瑶，开始学习打网球。1996年，李娜进入湖北省队后，遇到了她职业生涯中的又一个"贵人"——教练余丽桥。在余丽桥的指导下，李娜在球场上练得更加刻苦。1997年，15岁的李娜赴美国训练7个月。1999年，李娜进入国家队。

1999年至2008年期间，李娜在国家队收获ITF（国际网球联合会）挑战赛百余场胜利，代表中国在WTA（国际女子职业网联）巡回赛上斩获首个女双冠军，并收获WTA葡萄牙站亚军、德国公开赛四强、温网八强、黄金海岸赛冠军等多项荣誉。

2009年1月，网管中心决定允许李娜"单飞"。自此以后，她成为一名职业运动员，也有了自己的专业团队。接替姜山担任教练的迈克尔·莫滕森专业且认真，除了指导李娜的日常训练，还善于对李娜进行心理辅导，帮助急躁、困惑的李娜保持平和的心态，李娜的心理日益成熟；体能师阿里克斯，在李娜的伤后治疗和恢复性训练中进行了科学的指导，使李娜调整到最佳身体状态；丈夫姜山的支持和经纪人麦克斯的商业统筹，使得整个团队得以高效运作。就此，李娜迎来了个人职业生涯的巅峰。

2011年1月14日，李娜斩获WTA顶级巡回赛澳大利亚悉尼站冠军后，接连闯入澳网决赛和马德里公开赛四强。在2011年5月的法国网球公开赛上，李娜连斩斯特里科娃、埃斯皮诺萨、科斯蒂亚和夺冠热门选手科维托娃、阿扎伦卡、莎拉波娃，最后在决赛中战胜卫冕冠军斯齐亚沃尼，夺得了亚洲选手历史上第一座大满贯单打冠军奖杯。在这次夺冠之路上，李娜披荆斩棘，多次逆境翻盘，终于连克强敌，夺取了最终的胜利。

在经过状态起起伏伏的三年后，2014年1月25日，李娜连续第二年打进澳网决赛，在决赛中以2比0的比分干净利落地击败斯洛伐克选手齐布尔科娃，获得了人生中第二个大满贯女单冠军，个人排名也跻身世界第二。同年9月19日，李娜宣布退役。9月30日，退役仪式在国家网球中心钻石球场举行，至此，中国网球的一代传奇告别赛场。2019年7月21日，李娜成为入选国际网球名人堂的第255人。

纵观李娜的职业生涯，她在WTA和多项公开赛中获得的好成绩不胜枚举，她一次次创造中国网球的历史。从法网冠军再到澳网冠军，获得一个大满贯可能是幸运，获得两个大满贯必须拥有绝对实力。回顾澳网比赛，李娜在整场比赛中占据主动权。她充分抓住了对方因为身高不足导致的二发偏软的劣势，二发得分率为63%，是齐布尔科娃的3倍。在制胜分方面，李娜更是以34比11遥遥领先。虽然李娜在第一盘正手比赛中出现了高达13个非受迫性失误，但通过反手的11个制胜分成功拯救了自己。从第二盘比赛开始，李娜火力全开，连破带保取得4比0的领先，使齐布尔科娃无力回天。回顾整届赛事，休假期的冬训、合理的赛程安排、扎实的技战术、良好的心理素质、丰富的决赛经验以及充沛的体能储备是李娜夺冠的主要原因。此次夺冠使李娜成为澳网历史上年龄最大的女单冠军。

人民网也曾这样评价李娜："能吃苦、不叫苦、倔强、不服输，从低级别赛事一路打到四大满贯。2011年6月，她以坚定的意志品质、精湛的运动技艺和良好的体育道德，勇夺法国网球公开赛女子单打冠军，成为第一个捧起网球大满贯赛事单打冠军奖杯的亚洲选手。"这段话是对李娜职业运动员生涯最好的评价，既中肯，也充满了现实意义。"能吃苦的意志品质，勇于拼搏的精神，良好的体育道德"，这三点不仅是广大运动员、体育工作者为之奋斗的目标，也正是中华民族复兴的坚强基石。

（陈苗）

参考文献：

［1］周群，张秀华.多角度分析"李娜现象"对中国网球运动的影响［J］.科技视界，2013（18）.

［2］田园，徐亚捷.李娜职业道路成功因素分析［J］.湖北体育科技，2013，32（4）.

［3］杜春杰.李娜澳网夺冠因素分析［J］.体育文化导刊，2014（7）.

9　刘翔：中国有我，亚洲有我

刘翔，1983年出生于上海市普陀区，中国男子田径队110米栏运动员，奥运冠军。他是中国田径史甚至亚洲田径史上第一个集奥运会、室内室外世锦赛、国际田联大奖赛总决赛冠军和世界纪录保持者等多项荣誉于一身的运动员。从2000年至2012年，刘翔参加了超过48场世界级田径赛，获得过36次冠军，1次跑平世界纪录，1次打破世界纪录，5次打破亚洲纪录，3次打破亚运会纪录。那句充满豪气的"中国有我，亚洲有我"，不知打动了多少人。

2004年8月27日，在雅典奥运会男子110米栏的决赛场上，刘翔以12秒91的成绩为中国夺得了首枚男子田径奥运金牌。这一成绩也追平了英国选手科林·杰克逊于1993年创造的世界纪录。中国体育代表团团长袁伟民评价刘翔获得的金牌是中国选手在雅典奥运会上夺得的"含金量最高"的金牌。那一年，刘翔——这个脸上还有着不少青春痘的大男孩儿，凭着骄人的成绩，闯入了中国观众的视野。惊喜是刘翔带给观众的，而对于刘翔和他的教练来说，这个结果是意料之中的。翻看刘翔在雅典奥运会之前的战绩，一块块奖牌是他走向奥运领奖台的足迹。早在同年5月的国际田径大奖赛中，刘翔就以13秒06的成绩首次战胜约翰逊，平了该项的亚洲纪录。赛后，约翰逊曾在各种场合多次强调："中国的刘翔，是我在雅典最强大的对手！"

2006年不能不说是刘翔的收获年。媒体评论中曾提道："刘翔这一年，'壮美'比'完美'更恰当。"而对于看了刘翔一年比赛的观众来说，"狂欢"比"欢喜"更恰当。从5月在日本国际田联大奖赛大阪站夺冠，到7月瑞士洛桑国际田联超级大奖赛上以12秒88打破沉睡13年之久的世界纪录，再到12月在卡塔尔多哈第15届亚运会上以13秒15打破亚运会纪录，每当刘翔出现在赛场，每当他举起奖牌，对于那些关注刘翔赛事的人们来说，都是在度过一个又一个值得庆祝和狂欢的节日。刘翔用他的成绩为祖国赢得了荣誉，为亚洲争得了喝彩，更为国人带来了强烈的民族自豪感与自信心。刘翔，不再只是一个普通的田径运动员，他成了一个标志，一个传奇。

随着2008年北京奥运会的临近，人们自然对这位传奇人物充满了期望。刘翔自己对于2008年也是充满了期待。2008年8月18日，"鸟巢"里人头攒动，9万观众在烈日下翘首企盼刘翔的出现。但是当他出现在转播画面里时，人们却没有看到他熟悉的笑脸，也没有看到他在赛场上一贯的霸气与自信。"从来没见他上道之前是这个表现。"电视解说员的评论中也隐隐地透着担忧。在有人抢跑后，刘翔没有重新回到起跑器前，而是径直走下了赛场。一句"中国运动员刘翔，因伤退出比赛"引起了响彻"鸟巢"的叹息。传奇人物刘翔让众人在对他期望值最高的时候，彻底地扑了个空。期望有多高，失望就有多深。那一天的刘翔黯然离开了"鸟巢"。

曾经因为雅典奥运会的夺冠而一夜成名，也曾因为北京奥运会的退赛而身陷伤痛与流言的泥沼，刘翔大起大落的体育生涯如同舞台上的戏剧人生。但是，他并没有因为伤病而背上心理包袱，而是将这些挫折看作一种人生历练。这种历练也磨砺了刘翔顽强拼搏、永不服输的体育精神，激励着他不断前行！

（宣金成）

参考文献：

［1］张庆文，吴瑛.从刘翔的训练看体能主导类速度性项群的训练特征［J］.上海
　　体育学院学报，2006（1）.

［2］孙海平.对于刘翔2002年训练的安排与体会［J］.体育科研，2003（3）.

10　吴敏霞：顽强拼搏，成就梦想

吴敏霞，1985年出生于上海，中国女子跳水运动员，多项国际跳水获奖纪录保持者，职业生涯连续获得四届奥运冠军共计5枚金牌（2004、2008、2012、2016年）、七届世界游泳锦标赛冠军（2001、2003、2007、2009、2011、2013、2015年），以及六届跳水世界杯冠军（2006、2008、2010、2012、2014、2016年）。她也是女子跳水单人三米板和双人三米板双料大满贯得主。她在职业生涯中共获得22个世界冠军，其中16个为双人赛冠军，位居世界第一。她也是奥运史上首位在跳水项目中夺得四连冠的运动员，且与邹凯和陈若琳并列为获得奥运金牌数最多的中国运动员。她更是世界跳水历史上最为成功的女子运动员之一，是继高敏、伏明霞、郭晶晶之后的中国第四代"跳水皇后"。

里约时间2016年8月7日下午，在玛利亚-林克水上公园赛场上，吴敏霞迎来了她职业生涯的最后一跳。"那次是户外比赛，当天刮着很大的风，因为跳水是一个对精准性要求很高，同时不确定性也很高的项目，所以在没完成动作之前谁都没有把握。"回忆起当日的比赛，吴敏霞坦言："很紧张……我也会害怕输，如果没拿到金牌，我不知道接下来会是一个什么状态，不知道未来的生活会受到多大影响，尤其是之前已经取得了大满贯，而且我知道这将是我最后一次站上世界大赛的舞台。"就在出战里约奥运会的前三个月，吴敏霞在训练中不慎被跳板划伤小腿，这个伤口导致她几个星期不能下水。为了不落下训练进度，吴敏霞坚持自己练习跑步、加强腰腹力量、模仿各种高难度动作……在高强度的练习下，她的伤口再次开裂。"那地方就是皮和骨头，连针都不能缝，只能忍着疼痛慢慢养。"这次受伤足足折腾了一个多月，她才终于不用担心伤口再被跳裂开。

对于这位31岁的老将来说，伤病是她最大的"对手"。25年的跳水生涯，早已让吴敏霞的全身满是伤病，各个关节几乎没有一处是完好无损的。她的队医说："除了头，她浑身都是伤。"她自己也曾调侃道："已经没有地方去增加新伤了。"里约奥运会前夕，新伤旧伤加上夺金的压力，曾让她一度崩溃痛哭。但到了比赛中，吴敏霞的发挥极其稳定，旁人完全看不出她正在遭受伤病的折磨。站上跳板的吴敏霞，依然是中国跳水梦之队夺金最大的保障。

吴敏霞和搭档施廷懋最终以345.60分夺得了里约奥运会女子双人三米板的冠军，这也是吴敏霞第五块奥运金牌。四届奥运会，5枚金牌7枚奖牌，吴敏霞超越了伏明霞、郭晶晶，与邹凯并列成为中国奥运史上夺金最多的运动员。这场完美的奥运谢幕战，为吴敏霞传奇的职业跳水生涯画上了圆满的句号。

为什么一定要坚持参加里约奥运会？吴敏霞坦言："国外有很多30岁以上甚至生完孩子还继续练的运动员，但是中国跳水还没有一个这样的人。我想挑战一下，让国外看到我们中国不是只有年轻的运动员才可以跳水，中国也可以有30岁以上参加奥运的跳水运动员。"事实上，在做这个决定之前，吴敏霞经过了很长一段时间的心理斗争。伴随年龄增长而来的体能下降、常年的伤病、四年里未知的变化以及大家的期望，这些都将是她参加里约奥运会需要面对的困难。虽然困难比想到的要更多，但在国家荣誉面前，这些困难都显得微不足道。

（李佳旺）

参考文献：

[1] 周欣.吴敏霞：热爱跳水的回报 [J].游泳，2013（2）.

[2] 吴敏霞自评三优势 [J].游泳，2012（4）.

11 苏炳添：亚洲飞人 逐梦远航

苏炳添，1989年出生于广东中山，中国国家男子田径队短跑运动员。

从2006年到2021年，从10秒59到9秒83，从晋级奥运会男子百米半决赛到站上奥运会决赛跑道，他是中国田径史上以创造亚洲纪录的成绩首次跻身奥运会百米决赛的运动员，成为一名成功追逐梦想的亚洲飞人。苏炳添14岁参加学校田径队，身高1.72米的他在短跑运动员中并不突出，但是凭借着"自己有目标去做"的坚定信念，他日复一日地勤于训练，精于技术，敢于突破，从广东省队到国家队再到世界大赛，一点一滴积累，一步一脚印开启了追梦之路。

"朝着目标前进，越努力越幸运！""目标""努力"是苏炳添面对日常枯燥和高强度训练时最大的想法，无论烈日骄阳还是严寒酷暑，勤奋努力的他经历一场又一场的比赛，成绩从10秒59到10秒06，他的"运动健将""世锦赛B标""世锦赛A标"的目标一步步实现。2012年5月国际田联世界田径挑战赛北京站百米飞人大赛，苏炳添以10秒06的成绩获得铜牌；2012年8月伦敦奥运会，苏炳添成为中国第一位晋级奥运会男子百米半决赛的短跑选手。"顺其自然，有些事累积到一定程度就会实现。"也正是这样一步步稳扎稳打的好心态，让他离自己的目标又近了一步。

"十年之内破十秒，凑个十全十美。"新的目标在苏炳添心中盘旋，却苦于一次次努力后的失败。"觉得自己应该需要一个不断改变。"这个想法一直浮现脑海，在不断观察、思考、学习中，苏炳添决定改变跑步节奏，将起跑脚从右脚调整成左脚，这对任何一个运动员来说都是一次不可确定的冒险，但是他义无反顾地以壮士断腕之心开始了艰辛、大胆、反复地训练……2015年9月国际田联钻石联赛美国尤金站100米决赛现场，1号跑道上的苏炳添，站在起跑线上轻松地纵身一跃，沉着冷静地聆听枪声，当发令枪响时，他像离弦的箭一样从起点出发，保持着前半程领先的优势，最终以9秒99的成绩成为真正意义上第一位进入9秒关口的亚洲本土选手！精进技术带来的"破十"，他成功了！

"对于运动员来说，冠军才是最终目标，但我们这个项目，距离冠军还是有点遥远。我希望以后别人一提到100米，就知道有苏炳添这个人，最起码我没有白活。"带着这份信念，他一路坚持走到了今天。即将满32

岁，早超过了短跑运动员退役的年龄，可苏炳添却站在了东京奥运会现场，从预赛、半决赛到决赛，尤其是在男子100米半决赛中，苏炳添跑出9秒83，以创造亚洲纪录的成绩首次跻身奥运会百米决赛，并在决赛中以9秒98荣获第六名，他创造了奇迹！

时光荏苒，不经意间苏炳添用自己的勤奋铸就了一场场精彩的比赛，他用迈出的每一步铸就了自己的人生奇迹，也让大家看到了他心中有目标一步步努力向前进的样子，他是冉冉升起的亚洲飞人！未来，新的目标和征程又将开启，期待着这位亚洲飞人带给我们更多的感动与奇迹，不念过往，不畏将来，以梦为马，不负韶华！

未来，在亚洲或中国，或许苏炳添所创造的100米短距离跑的纪录会被打破，这是由竞技体育创新发展的趋势所决定的，但苏炳添在没有身高、年龄优势的情况下创造亚洲100米跑纪录背后所付出的努力、拥有的坚定信念和责任，才是我们未来青少年一代应该学习和发扬的。

（许利琴）

参考文献：

[1] 苏炳添，程志理，周维方.运动行为志研究：短跑技术实践叙事——苏炳添与程志理的训练学对话录［J］.体育与科学，2020，41（4）.

[2] 赵宇静.苏炳添媒介形象研究［D］.北京体育大学，2017.

[3] 王海珍.苏炳添从古镇跑向世界的年轻人［J］.百年中山人，2011（36-37）.

12　朱婷：排球天才，铿锵玫瑰

朱婷，1994年出生于河南省周口市，曾任中国国家女子排球队长、第一主攻。她扣球点高、挥臂速率快、滞空能力强，反应灵活、技术全面，是不可多得的排球人才。2013年，她正式入选中国国家女子排球队。在2015年的女排世界杯上，初出茅庐的她率领中国女排夺取冠军并获得MVP。2016年，中国女排时隔12年再获奥运冠军，朱婷加冕里约奥运会女排MVP与最佳主攻。2019年排球世界杯，中国女排以11战全胜的佳绩成功卫冕，队长朱婷再度荣膺MVP，成为蝉联世界杯MVP的第一人。在职业联赛方面，2016年朱婷加盟土耳其瓦基弗银行队，获得2016—2017赛季欧洲女排冠军联赛的冠军和MVP、2016年女排世俱杯铜牌和最佳主攻手以及2016—2017赛季土耳其女排超级联赛季军。2016年里约奥运会女排夺冠的场面让人印象尤为深刻，女排姑娘们从绝望中看到希望，于逆境中绝地反击，金牌唤回曾经的荣光，胜利开启崭新的梦想。

2016年里约奥运会，中国女排被分在了"死亡之组"，小组赛结束后中国队仅排名第四，进入淘汰赛后将对决A组第一巴西队。巴西队当时正处于巅峰时期，是上届奥运会冠军，又是本届奥运会的东道主，一开场就对中国队发起了狂轰滥炸，很快就以2比1大比分领先。在关键的第四局，作为中国女排的绝对核心，朱婷站出来鼓励队友不要放弃，她不断利用快攻、强攻得分。拿下这局后的中国女排士气大涨，发球、进攻、防守有如神助，终于在逆境中依靠永不放弃和顽强拼搏的女排精神战胜巴西队。之后的中国女排更加自信，也空前地团结。在半决赛和决赛中对阵荷兰和塞尔维亚时，中国女排气势如虹，朱婷分别拿下全场最高的33分和25分。时隔12年，中国女排终于再次登顶奥运会冠军，朱婷也当之无愧被选为最佳主攻手和MVP。

从13岁进入周口体校，朱婷就是训练中最刻苦的孩子，每天起跳、挥臂扣球数百次，双休日队友们都回家休息，她经常一个人在训练馆练习垫球、发球，球技突飞猛进。从2015年世界杯的夺冠到2019年世界杯的十一连胜，朱婷夺得了一枚枚珍贵的奖牌，用成绩证明了自己的实力，和所有队友一起捍卫了中国女排的精神，更为国家赢得了一份份荣誉。通往成功的路从来都不平坦，朱婷也曾遇到低谷，但面对失败与低潮，她永不言弃，顽强拼搏，用自己的行动诠释着女排精神的真谛，那是一种永不言弃的坚持与毅力，永不言败的决心与勇气。朱婷的故事也告诉我们：只有向着自己的梦想坚持不懈地努力，才可以创造奇迹！

（苑冬梅）

参考文献：

[1] 朱婷.追逐梦想前进［N］.中国体育报，2015-12-08.

[2] 钟秉枢.女排夺冠背后的文化传承与精神永续［N］.中国体育报，2015-11-
    06.

第三部分
体育事件篇

一、新中国成立前体育事件

1 我国古代学校体育雏形的形成

夏、商、周时代，中国进入阶级社会，由于专门从事精细生产的社会阶层出现，在原始社会教育实践积累的基础上，这一时期的教育发生了巨大的变化，至晚在商代不仅已出现正式的学校，而且有了相当程度的发展。甲骨卜辞中发现有"教""学""大学"等字样，这些都是商代已经产生正式学校教育的证明。西周时，学制系统更加完善，形成"学在官府"的体制，教学内容是以礼、乐、射、御、书、数为主体的"六艺"，其中，礼、乐、射、御均与体育活动有密切的联系。

乐，主要是乐舞。乐舞在西周十分盛行，无论是在祭祀活动中还是在庆典活动中，都要进行盛大的乐舞活动。在学校实行乐舞教育，不仅是用来培养学习者的音乐表达能力，承担表演歌舞，祭祀祖先的任务，更为重要的是陶冶人的性情，培养人的高尚情操。通过对各种舞蹈的习练，他们的身体得到协调、完美的发展，懂得各种礼仪规章，行为举止变得端庄大方，身心健康得以促进。这是我国古代礼仪教育中不可或缺的内容。此外，学习乐舞也有增强军队战斗力的功效，因为乐舞的基本形式是模仿战阵操练的队列练习。而学校中的学生大多来自贵族家庭，他们都是未来军队中的骨干人员。同时，西周舞蹈多是集体性的，贵族子弟在其练习中，委蛇曲折，抑扬进退，这有助于其克服骄淫矜夸之习。所以西周的舞蹈兼有体育和德育二者的功能。

射，主要是指射箭的技术训练。西周学校对习射非常重视，射箭有着很森严的等级制度和烦琐的礼节仪式，每次在射礼之前都要举行饮酒、奏乐等仪式。在西周奴隶制高度发展的时期，射礼作为一个非常普遍的体育活动被广泛开展，成为奴隶主贵族习武选士维护统治阶级的重要工具。但是它为礼制服务，受到尊礼思想的严重束缚。孔子认为射礼具有非常重要的道德"教化"功能，即培养君子所具备的道德素养，不仅在赛前要相互礼让，赛后也要共饮。由此可见，射礼既是一种体育活动，也是道德教育的重要组成部分，承担着教化的功能，目的在于培养君子相互礼让的精神，以"明君臣之义""长幼之序"，以厚风俗。

御，指驾车的技术。在古代社会中，战车对军事、交通、运输都有重要的意义。所以御者要经过严格训练，既要熟悉马性，掌握御法，还要有胆识，根据不同的情况交换御法。这样既学习了武事，又对人的智力、体力、胆略都有很好的锻炼。其中一些御法和礼教相配合，在一定程度上承担了明确自身的"身份地位"进而"知进退"的道德"教化"功能。

综上而言，乐、射、御是古代学校体育的基本内容，其特点都是身体活动，都有体育的基本特征，所传授的大多是与征战有关的军事技能，在"六艺"教育中占有相当大的比重。古代的学校体育注重礼治与德育教育，具有道德"教化"的功能，培养"文武兼修"的人才，所以在具体实施上有着严格的礼仪规范和要求。这种文武合一的教育和训练，既促进了古代社会体育的发展，也初步形成了我国古代学校体育的雏形，对后世的体育发展有一定的影响。

（马德浩　曹丹丹）

参考文献：

［1］王俊奇.先秦体育文化史［M］.北京：北京体育大学出版社，2013.

［2］李世宏.传统教育视角下中国古代体育文化研究［M］.上海：上海人民出版社，2018.

［3］谷世权，杨文清编著.中国体育史［M］.北京：北京体育学院出版社，1981.

［4］夏书宇，巫兰英，刘薇.中国体育通史简编.［M］.郑州：河南人民出版社，2007.

2　诸子百家体育观的争鸣

春秋战国时期，诸侯国之间频繁的战争推动了军事体育的发展。这一时期，生产力的快速发展和铁器的广泛使用，促进了农业和武器制造业的发展，使落后的生产关系与先进的生产力之间的矛盾更加激化，加速了奴隶制的解体。奴隶制的衰败使奴隶制的官学形同虚设，从奴隶主阶级中分化出一个新的社会阶层——"士"，他们纷纷创办私学。"士"代表着不同的阶级和阶层，有着不同的学术理论和政治主张，于是形成了不同的学术流派。各派之间互相驳难争辩，形成了我国历史上"百家争鸣"的局面，在他们"争鸣"的内容之中也包括一些体育内容。

以孔子为代表的儒家推崇以伦理为中心的体育思想。孔子认为不管是技能训练的程序，还是精神培养的标准，都以是否合乎"礼"为参照坐标。以"礼"为标准，以"礼"为目标。他主张的体育教育并不是单纯的技能教育，而是整个教育过程，既包括技能的训练，更包括精神的培育。

荀子作为儒家后期的代表人物，其体育思想大致上可以归纳为以下几方面。其一，强调人的气质教育。荀子认为，人只有把先天的自然条件和后天的教育改造、外在的气质表象和内在的学问修养有机地结合在一起，才能把自身的品德、精神、气质培养好，才能达到"君子结于一"的目的。其二，明确提出了运动健身的基本理念。荀子从军事活动的条件论出发，明确阐述了运动与健身的密切关系，这在中国体育思想发展史上有着重要的历史地位。其三，阐述了乐舞对人之心智陶冶的重要性。荀子认为，乐舞是人们不可缺少的生活内容。他说："夫乐者，乐也，人情之所必不免也，故人不能无乐。"乐舞不仅可以陶冶人们的性情，使人的形体健康成长，还能增强人们的组织纪律性。

道家学派的开创人老子主张以"法自然"为基本原则。他的体育思想主要反映在以下几个方面。一是"道生德成"的生命本源论。他追求的是一种自然规律至上的观念，反对后天的人为造作。二是"自然朴真"的生存观。老子认为修身就是要杜绝和排除外界私欲功利的诱惑和干扰，回归自然淳朴的状态。三是"重身惜生"的价值观。即重视生命个体的自身价值，从肌体到精神形成统一。四是"清静无为"的行为观。老子的养生思想中还有一个非常重要的观点，叫作"静以养神"，主张追求那种极端的空虚无欲，坚守彻底的清静无为，由此实现心灵的宁静，达到身心自然健康的目的。老子的这些思想为后世以静养生提供了重要的认识论和方法论。从修身的角度看，老子的理论揭示出了人生的某些最基本的规律，显示出了极其博大的哲学襟怀，在体育科学的发展层面上有着重要的历史地位。

庄子的思想同样以"道"为本，因而他的体育思想也是"道"的衍生。他的思想主要以养生为主，注重"形""神"相互融合，强调养生不仅注重对身体的养护，更要注重对心神的培育，两者相辅相成、不可独存。同时，庄子也强调体育锻炼要有一定的限度，要注重量的安排，在适度运动量的前提下，使人与大自然融为一体，最终达到"以动养身"的目的。这种超然心态、恬淡而又宁静的心境，为现代人的体育锻炼以"注重身体协调发展"，身心锻炼相结合达到身体协调发展的目的提供了依据。

墨子开创了墨家学派。他主张"兼爱""非攻""尚贤""节俭"，强调人征服自然或生命力以及主体的认识能力，并提出了"尚力"的体育思想。墨子重视身体健康和身体锻炼，所以他在招收学生时非常注意选才，重视学生的身体条件。墨子也重视尚贤举能和军事体育。他在教学中把军事体育的射御搬到了课堂上，还将其视为士之贤能的标准，并主张依此予以赏罚。墨子在重视学生习武的同时，也注重培养学生勇于牺牲的侠客精神。《淮南子》载："墨子服役者百八十人，皆可使赴火蹈刃、死不旋踵。"说的就是墨子门下的勇士，他的学生不但有超凡的武艺，而且有重义轻利的侠士之风。所以说，墨子开启了中国古代武侠之先河。

百家争鸣是中国本土文化的发酵，从酝酿到高峰经历了一个漫长的历史过程。孔子注重以"礼"为主的体育观，荀子则提出内外兼修的体育思想。老子的道法自然为后世以静养生提供了认识论和方法论，庄子则秉承了"道"的思想，注重对身体的养护，对心神的培育。墨子则提倡"尚力"体育思想，注重培养学生勇于牺牲的侠客精神。在上述诸子百家中，儒学的渊源最为深远，其文化精髓对于传统体育精神的影响也最为深远。诸子百家思想对于中华民族传统体育精神的构建起着至关重要的作用。

（马德浩　曹丹丹）

参考文献：

［1］ 王京龙.战国百家争鸣与中华传统体育精神构架［M］.北京：人民出版社，2012.

［2］ 孙继龙，潘庆庆.庄子相关体育思想及其应用研究［J］.安徽师范大学学报（自然科学版），2018，41（4）.

［3］ 夏书宇，巫兰英，刘薇.中国体育通史简编［M］.郑州：河南人民出版社，2007.

3　蹴鞠的兴起与发展

我国古代蹴鞠是有历史考证和史料记载的一项最古老的足球运动，影响了中国两千多年的体育项目和娱乐方式。

古代蹴鞠源于战国时期的齐国都城临淄，《史记·苏秦列传》中著名纵横家苏秦在劝服齐王时描绘了当时身处临淄的景象："齐地方二千余里，临淄甚富而实，其民无不吹竽、鼓瑟、弹琴、击筑、斗鸡、走犬、六博、蹴鞠者。"这是我国关于蹴鞠活动的最早记录。

蹴鞠在战国时代还是临淄城中民间的娱乐活动，所谓"穷巷蹴鞠"，到汉代已进入宫廷，且在皇宫及其周围还有了专门的蹴鞠城。汉代的蹴鞠城面积相当于现在的半个足球场大小，四周围有城墙垛口状矮墙，两对边与地面连接处设有月牙状、装饰得像小房子一样的两个对称的球门，即"鞠室"。东汉文学家李尤所著的《鞠城铭》反映了蹴鞠运动的竞赛方法、场地规格、场上人员的分配以及蹴鞠人数等，表明在汉代蹴鞠运动竞赛规则的健全性、完整性都已见雏形。值得特别指出的是，规定双方队伍都应有队长，比赛中还须设有裁判员，并且要求裁判员应不徇私情，撇开亲属关系，公平、公正执法。可见，早在汉代的蹴鞠就已经建立了裁判员执法比赛的制度和纪律。

汉代的蹴鞠是一项重要的军事训练项目，汉代的皇帝在蹴鞠城中观蹴鞠也是按照检阅军队的方式和规格来进行的，整个蹴鞠城就像一个校军场。武帝的大将霍去病远征匈奴于塞外，在缺粮、士兵十分疲惫的情况下，还要进行蹴鞠比赛。这说明汉代直接对抗式的蹴鞠运动，正以其强大的生命力活跃在历史舞台上。

到了唐朝，由于经济发展较快，社会政治稳定，不仅蹴鞠的本质和形式有了很大的改进，而且女子蹴鞠运动也得到了蓬勃发展和推广。这个时期，随着马球的兴起，蹴鞠的军事作用逐渐消失，又重新转向娱乐方向，相应地在球的制作技术和比赛规则上进行了一系列改革。首先就是出现了充气球，使球的各种性能充分地表现出来，开始转向高空，技术也更加多样化。与汉代在地上挖鞠坑不同，唐代的场地开始立起了球门，多种多样的比赛方法，更加吸引人了。空心的充气球为女子蹴鞠创造了条件，宫廷中甚至有了专门的女子蹴鞠活动。这一时期，蹴鞠也通过各种途径向东传播到了日本和朝鲜半岛，与这些民族的文化结合形成了具有各国特点的蹴鞠形式。向西经埃及、希腊、罗马、法国，最后传到了英国，在英国发展为现代足球，成为当今世界上最有魅力的运动之一。

宋朝是蹴鞠运动的鼎盛时期，出现了行会性质的全国专门的蹴鞠组织——齐云社。齐云社又名"圆社"，是当时民间自发组织的实力最为强大的蹴鞠团体，有严格的社规和健全的组织，并制定了成员必须遵守的技术规则与比赛章程。凡入社弟子要"备酒礼，办宴席礼物，赠与师傅"，这是社规中最受重视的拜师礼。齐云社每年组织一次全国性的比赛，确定蹴鞠艺人的技术等级，因在山上举行，所以叫山岳正赛。赛前要发通知，敬神，要收取参赛费用"香金"，还有比赛的奖品"球彩"。齐云社派人担任裁判，并对过关者颁发等级证书。

唐宋皇帝大多爱玩蹴鞠，遇到比赛时都亲临观看。上有所好，下必甚焉，相沿成风，广泛开展，这是唐宋时期蹴鞠运动兴盛的重要因素。由于蹴鞠活动越来越娱乐化的倾向，明代朱元璋称帝以后，严禁军人蹴鞠，并下旨"蹴鞠者卸脚"，但由于蹴鞠运动本身的魅力，蹴鞠在民间依然盛行。清朝人关后，喜欢射猎的满族统治者对本民族的游乐项目大力提倡，对汉民族的蹴鞠也实行了禁止和改造政策。顺治皇帝曾口谕禁止踢球，对蹴鞠要"即行严禁"。后来，乾隆皇帝干脆明令禁止蹴鞠活动，到了清代末年民间的蹴鞠运动基本上消亡了。

蹴鞠是影响了中国和世界两千多年的传统文化和体育项目，凝聚了中华民族的智慧和创造力。它在汉、唐、宋时期得到发展和完善，走向全面繁荣，成为一项受到普遍喜爱的运动方式和民间习俗，为中国和世界的体育运动和文化做出了巨大的、不可磨灭的贡献，是中华文化中的一个组成部分，是世界现代足球的前身，为中国和世界人民带来了无穷的欢乐。

（马德浩　曹丹丹）

参考文献：

［1］张孟杰.我国古代蹴鞠的演变［J］.体育文化导刊，2015（3）.

［2］大中国文化丛书编委会.历代体育史话［M］.北京：外文出版社，2011.

［3］岳长志，马国庆.中国蹴鞠［M］.济南：山东友谊出版社，2019.

4　端午节赛龙舟的起源与发展

"龙舟竞渡"是中国民间传统水上体育娱乐项目，历史悠久，至今已经成为我国传统节日重大节日庆典以及重要民俗活动，深受国人的喜爱。赛龙舟既是一项运动，又是传统文化活动，其中也承载了中华文化。

关于赛龙舟习俗的源头，相传是为了祭奠战国时楚国大夫屈原。屈原是战国时期著名的爱国诗人，因为奸臣的排挤被楚王流放，后来投汨罗江自溺身亡。人们为了纪念屈原，就在每年的农历五月初五这一天包好粽子放入水中，并且组织龙舟在水面划船，久而久之就形成了一种传统。一说是为了纪念伍子胥。传说伍子胥因遭谗言诽谤，自刎而死，尸体被吴王夫差命人抛入江中，即掀起巨浪。后来，两岸百姓把伍子胥奉为波神，年年祭祀，宽慰亡灵，以求平安。此外，关于赛龙舟习俗的起源还有曹娥说。

其实在远古时代，生活在南方水系的原始居民，因生产和生活需要，"以舟行渡"之事是无法缺少的日常活动。又因生活物资的匮乏，为了抢得先机，获取所需，就得"竞速而渡"，快速越过江河水域。这类竞渡都是在自然的生产生活状态下完成的相关活动，所以是处于原生态无意识状态下的竞渡时期。在人类生产生活实践活动和与大自然斗争的过程中，人们期盼风调雨顺、五谷丰登，并且赋予臆想中的龙神以兴云播雨、上天潜渊的神性，专治人间晴雨旱涝的本领。于是人们逐渐形成了在固定时间祈雨祭神的仪式和风俗，古人也是在祭龙的过程中逐渐产生了龙舟竞渡习俗。所以"龙舟竞渡"是一种宗教性的娱乐活动，之所以选在五月初五，是因为这个时间正是我国南方插秧之后的农闲时节。

隋唐时期，江南地区举行的龙舟竞渡是十分热闹的。到了唐代竞渡用船，装饰华丽，在船首造起龙头，在船后竖起龙尾，船的两侧刻画龙纹，装扮成一条昂首翘尾的巨龙，人们称之为龙舟。唐代是我国传统龙舟竞渡发展的一个高峰时期，当时龙舟竞渡已经形成了较为完备的形式，其程序和规则更加严密、完整。每逢举行竞渡，士民百姓、州县官吏、文人学士等都涌向江边观看。史籍上说，当时"士女倾城出观"，以致两岸"并肩接踵"，"观者如堵"。可见龙舟竞渡不仅是竞赛者的一种娱乐，观看的人们也同样享受到乐趣。

宋代建都汴京城（今河南开封市），凿金明池以练水军，在金明池中也开展龙舟竞渡活动。宋画家张择端绘有《金明池夺标图》，元人王振鹏也绘有《龙舟夺标图》，反映宋元的首都都有龙舟竞渡活动。也正是从宋朝开始，龙舟的竞渡性质逐渐沾染上柔媚之风，"竞渡"也开始不再以"竞技性"这一主角的面貌出现，"戏龙舟"逐渐成了主要的形式。这种趋势发展到明清，除少数偏远地区仍保持着以祛除不祥为目的的竞渡之俗外，苏州、杭州、扬州等城市文化兴盛之地的龙舟，基本都以华丽的装饰和丰富的演出取胜，专事新奇巧妙，竞渡抢标甚至已经成为配角了。而且龙舟之上，还有戏曲、杂技等节目演出，以吸引民众，烘托热烈气氛。随着龙舟竞渡的竞技性退化，其演变成了以娱乐为主的综合性节俗活动。与此同时，江南各地的龙舟竞渡活动也受不同地域文化的影响，衍生为不同的民俗形式。

直到1976年，在中国香港举办的第一届香港国际龙舟邀请赛被视为竞技龙舟的发端，由此宣告了现代竞技龙舟的诞生。改革开放政策实施之后，中国内地的龙舟竞渡得到了迅速恢复和发展。1985年，中国龙舟协会在湖北宜昌正式成立，此后，现代龙舟比赛走上了竞技体育的道路。比赛规则合理有序、竞赛要求科学规范，龙舟制作材料日趋完善、制作技术也日益精良。时至今日，"中华龙舟大赛""中国龙舟公开赛"等系列官方体育赛事宣传推广得力，规模不断扩大，影响力逐年提高。甚至从2005年第四届东亚运动会和2010年第十六届亚运会开始，在这样的综合性大赛中也安排了龙舟竞渡作为正式比赛项目。作为现代竞技体育项目，龙舟竞渡进入了一个蓬勃发展的新的历史阶段。

产生于我国并有着悠久历史的龙舟竞渡，在曲折复杂的历史演变过程中，由祭祀图腾龙神逐渐丰富和发展为现代体育项目，演变为显现民族的雄美和力量的民俗文化。这是历史发展的必然，也是今日龙舟竞渡规模越来越大的根本原因，"龙舟"形象具有中华民族雄美、力量的象征意义。龙舟竞渡在一个具有五千年文明的国度里，发挥着巨大的辐射力、凝聚力和向心力，这种力量也是民族精神和社会主义新文化的象征。

（马德浩　曹丹丹）

参考文献：

[1] 卢丽.论古代赛龙舟运动的起源与发展 [J].兰台世界，2012（28）.

[2] 大中国文化丛书编委会.历代体育史话 [M].北京：外文出版社，2011.

[3] 王凤春，蒋侠.竞渡文化的历史演变与现代发展研究 [J].中国文化研究，2018（4）.

5　田忌赛马竞技价值的溯源

商周时代，车马已被广泛运用于战争、运输、狩猎等方面，为促进交通运输和大规模的战争提供了可能。周武王伐纣时的"牧野之战"："牧野洋洋，檀车煌煌，驷𬴂彭彭。"说明当时车战的场面是多么浩大。周王朝建立后，车马仍然是当时重要的生产和战争工具，而御是当时车战中驾车的一门实用技术。春秋中叶之后，由于机动灵活的骑兵作战方式逐渐取代了笨重的车战方式，御的技术渐渐失去了军事上的实用价值，御在贵族教育中，也就变为一种礼仪训练项目，御车也由战斗的技能变为社会的娱乐活动。

相传齐国的大将田忌，很喜欢驾马车竞逐，有一回，他和齐威王约定要进行一场比赛。各自的马都可以分为上、中、下三等。比赛的时候，齐威王总是用自己的上马对田忌的上马，中马对中马，下马对下马。由于齐王每个等级的马都比田忌的马强一些，所以比赛了几次，田忌都失败了。有一次，田忌又失败了，正垂头丧气地打算离开赛马场，却看见自己的好朋友孙膑。孙膑招呼田忌过来，对他说："我刚才看了赛马，齐王的马比你的马快不了多少。你再同他赛一次，我有办法准能让你赢了他。"于是，齐王和田忌设重金赌注又开始了新一轮比赛。这时孙膑先以下等马对齐威王的上等马，第一局田忌输了。接着进行第二局比赛，孙膑拿上等马对齐威王的中等马，获胜了一局。第三局比赛，孙膑拿中等马对齐威王的下等马，又战胜了一局。比赛的结果是三局两胜，田忌赢了齐威王。还是同样的马匹，由于调换一下比赛的出场顺序，就得到转败为胜的结果。

田忌赛马是中国历史上有名的揭示如何善用自己的长处去对付对手的短处，从而在竞技中获胜的事例。它实质上是排兵布阵的问题，这在体育竞赛中也是常见的问题，尤其是个人项目赛事中应用较为广泛，如乒乓球、网球。排球、篮球、足球等项目中也可以使用，如上场队员调用、安排、分布上也经常按这一思路进行分析。这也是我国应用对策论指导竞技体育活动的最早记载，是战国时期科学性的标志之一。

（马德浩 薛昭铭）

参考文献：

［1］杨向东.六艺中的乐、射、御与体育、美育［J］.南开学报，2002（6）.

［2］杨宇飞.体育中若干典型博弈分析［J］.武汉体育学院学报，2001（2）.

6 五禽戏的创编

适度运动，动静结合，是我国古代养生术的重要内容。正如我国唐代医药学专家孙思邈在《备急千金要方》中所言："养性之道，常欲小劳，但莫大疲及强所不能堪耳。"因此，中国古代以五禽戏、八段锦、引导术、太极拳为代表的养生运动在民间养生者中十分流行。在练习五禽戏之时，练习者的动作体现着包括虎、鹿、熊、猿、鸟在内的"五禽"的形神；在动静结合的运动过程中，自觉体察生命动力之元气，总结生命运动的客观规律，主动顺应生命运动之节律，从而调节身心、舒畅气血、强本节用、练心强生。

也许大家很难想到，这样一套修身养性、有益身心的养生操是由我国古代一位"妙手回春"的名医——华佗所创编出来的。华佗不仅是一位医学家，还是一位积极主张运动、健体、强身祛病的养生家和体育家。在两汉时期，医学发展滞后，民间百姓患病之后几乎无法得药医治，仅有官宦权贵、富家豪族能有医治疾病的待遇，患病的民间百姓只能听取巫婆、神汉的摆布。加上东汉末年天灾频发，更使得民不聊生。在这一时代背景下，精通医术又博学多才的华佗将"体医结合"这一思想推上历史舞台，他将社会上流传的各种导引术式结合自己的体育实践，并从矫健的野兽得到启示，对各种动物细心观察、揣摩和模仿，创编出了一套千古驰名、旨在强身健体的保健体操——五禽戏。之后，华佗不仅自己身体力行，坚持锻炼，还大力推广，使这一套"五禽戏"在民间广为流传。

经过时代的更替，华佗所编"五禽戏"的动作早已失传，后世所传的"五禽戏"为后人所编。时至今日，五禽戏成为集中医、仿生学、运动学及养生学等诸多经典理论于一体、与人体特有的呼吸吐纳有机结合，且独具中华民族特色、蕴含深邃生命理论的传统保健、养生与健身的方法。中共中央、国务院于2016年印发了《健康中国2030规划纲要》，其中明确提出要把以治病为中心转变为以人民健康为中心的全民健康治理理念。在当前我国经济发展迅速，人民生活水平日益提高，但国民体质却有待加强这一状况下，以五禽戏为代表的健身气功养生操可以发挥提高全民族健康素质、唤醒大众体育健身意识并深入普及全民健身运动的积极作用。

（马德浩　薛昭铭）

参考文献：

[1] 司红玉，虞定海.五禽戏的生命美学［J］.体育学刊，2006（2）.

[2] 寇建民.对古代杰出医学家华佗体育思想的研究［J］.兰台世界，2009（21）.

[3] 夏书宇，巫兰英，刘薇.中国体育通史简编［M］.郑州：河南人民出版社，2007.

[4] 李晓峰，陈利.新时代五禽戏社会价值及发展策略［J］.体育文化导刊，2018（11）.

7 《颜氏家训》的传承

两晋南北朝是我国养生保健发展史上的重要阶段，这一时期，由于教育的发展，养生理论和方法得到了充分的进步。人们对神仙道教的提倡，适应了士族阶层渴望永享富贵的心愿；养生家们对保健养生理论的研究，更推进了士大夫阶层对养生的关注。在那样的时代背景下，养生学迅速发展，表现出释、道、医相互渗透的发展趋势，也出现了不少医学家、养生家，他们在养生实践和理论水平方面做出了不可磨灭的成就，而颜之推就是其中不可忽略的一位养生家。

颜之推是南北朝时期一位学识渊博的学者，他站在士大夫立场上，要求维护礼教。颜之推在其晚年回顾一生经历，总结学识经验，撰写出《颜氏家训》告诫子孙，这也是中国第一部系统探讨家庭教育的专著，有"家训之祖"之称。《颜氏家训》的第十五篇专论养生，虽只有短短的582字，但言简意赅，自成一家之言，体现了颜之推对养生思想的认识和主张。《养生》篇从"立身"出发，提出了"不贪生、不偷生"的养生思想。颜之推认为，"夫生不可不惜，不可苟惜"，意思是人理应珍惜生命、学会养生，但不可贪生怕死、苟且偷生，必要之时即使舍生取义也应义无反顾。这种以德养生的观念具有鲜明的特点。在保健养生的具体做法上，颜之推反对入山修道和炼丹服食，他认为只要"爱养神明，调护气息，慎节起卧，均适寒暄，禁忌食饮，将饵药物，遂其所禀"，将"不为夭折者"。颜之推将前人提出的正确的养生方法进行总结，收集了大量的民间偏方、秘方加入自己的养生术中。他所倡导的养生与养德融合的思想，对我国养生理论的发展起到了重要的推动作用。

身处乱世之中，颜之推深深地感到南方士人风气过于柔弱，因而曾研习武事，并要求儿孙学习"孔子力翘门关，不以力闻"。他把"惯习弓马"视为人生之业，并告诫儿孙要像孔子、葛洪等人那样文武兼备。颜之推在自己的倾心之作中告诫子孙体育修身、养生健体对人一生发展的重要性，也不断告诫着体质不断下降、慢性疾病频发的现代人，让现代人意识到静以修身、德以养生的重要性。

（马德浩　薛昭铭）

参考文献：

［1］刘亚.中国古代养生体育的发展［J］.体育文化导刊，2011（2）.

［2］崔乐泉.中国古代体育文化源流［M］.贵阳：贵州民族出版社，2011.

［3］崔乐泉，杨向东.中国体育思想史（古代卷）［M］.北京：首都师范大学出版社，2008.

［4］颜之推.颜氏家训［M］.檀作文，译注.北京：中华书局.2016.

8　武举制的开创

隋唐以前，武勇之才大多数是应时需召集而无定规，且那时选举人才往往受身份和地位之限制，极大地阻碍了一些出身寒微但有雄才大略者入仕施展其抱负，武举制的创立就打破了这一局面。唐代武则天长安二年（702），在延续隋代科举制的基础上，女皇武则天创立了武举制。当时由兵部主持武举考试，考试内容除武艺和体力之外，还有经书和兵书，通过多项考察以求全面地评价和选拔出武艺高超的将才。这种选拔人才的机制设立之后，社会尚武之风变得日益浓厚起来。武举人被授予官职之后分任各地，促进了武艺技能的广泛传播，也推动了社会民间武艺水平的迅速提高。

武举制度的创立具有深厚的政治背景。女皇武则天在登基之后独揽朝纲，先后遭到多方势力的反对和反叛，声势最为浩大的莫过于光宅元年徐敬业在扬州发动的叛乱和垂拱十年李唐宗室的叛乱。由此，她认识到培养出自己的嫡系军事力量的重要性。于是，她通过创设武举制来培养新兴政治势力，达到打击元老派的目的。同时，这一举措对于过去中下层的有识之士也意义深刻——通过科举制度中武举制的选拔，他们能够凭借高超武艺脱颖而出，成为国家统治阶层的一员。我们可以看到，通过武举制度的运行，统治者召集到了必要的军事人才，优秀军事人才也能崭露头角——选拔者和被选拔者在这一制度中各取所需，双双获利。

从唐朝武举制形成到清末废止，前后一共 1 200 多年时间里，武举制度对封建社会下武艺高超者考取功名、进阶仕途提供了专属通道，不仅提升了武者在社会上的地位，也用武力帮助统治者建立了一道维护国家发展壮大的强力保障。当武举制度设立后，武术人才的选拔纳入了科举之中，想要入朝为官的人自然而然地会考虑练习武艺这条考取功名之路，这便从侧面推动了民间大众武艺水平的提高，也促进了武术的发展。武举制这一我国所独创的选拔优秀军事人才的考试制度，在中国和世界历史上都产生了深远的影响。

（马德浩　李岱泓）

参考文献：

[1] 夏书宇，巫兰英，刘薇.中国体育通史简编［M］.郑州：河南人民出版社，

2007.

[2]谭华,刘春燕.体育史[M].北京:高等教育出版社,2017.

[3]黄佺.我国武举制度的发展演变和影响[J].兰台世界,2014(3).

9　民间自娱体育组织的形成与传播

从北宋到清末,是中国古代体育演进的重要时期。在宋元时期,我国出现了一些民间自娱的体育组织——社。如射弓踏弩社(《梦粱录》)、川弩射弓社、蹴鞠打球社(《都城纪胜》)、相扑社(《西湖老人繁盛录》)以及各种棋会(《春渚纪闻》)等。这些社团的成员技艺水平高超,但不以表演谋生。如宋代民间自发的武艺结社组织就遍布于北方地区,他们一般都有自己的名称。结社形式有大有小,习武特点也不尽相同,但入社成员大多武艺娴熟、技艺超群。在北宋时期还形成了京师固定的武艺表演场所,出现了职业武艺表演人员。

具体到蹴鞠这一运动而言,齐云社是南宋规模最大、最具影响力的民间蹴鞠组织,由蹴鞠艺人及爱好者自发形成,类似于现代社会普遍存在的各种球类俱乐部。与从事工商业、手工业者所组织的行会不同,齐云社成立的主旨在于保护蹴鞠艺人的利益,并促进蹴鞠爱好者之间技艺交流。其内部组织机构健全,社内成员职位、分工明确,不仅有作为最高管理人的都部署和教正、负责社内事务的社司、处理对外招待事务的节级与知宾,还有负责球队事务的会干、左军和直接参加比赛的各类运动员。社内成员各司其职,使齐云社发挥着完善比赛规则、制定活动礼仪、传授球技球艺、确定艺人等级、宣传蹴鞠活动的职能,对蹴鞠运动的整体发展产生了巨大的影响。虽然由于齐云社的价值向导失衡和教条约束众多等因素导致了蹴鞠运动在宋朝末期的衰落,但我们仍可看到中国古代"社"这一组织在扩大体育运动影响、促进体育行业规范化等方面产生了一定的积极作用。

商业性和非商业性体育社团的出现,表明古代体育发展进入新的发展阶段。这类体育组织为体育文化的传播、交流、创新开辟了一条捷径,促进了古代体育文化的发展，对当代体育社团组织的发展，尤其是对当代体育社团组织的治理理念以及内部组织机构的治理机制提供了宝贵的借鉴意义。

（马德浩   李岱泓）

参考文献：

［1］徐雅莉，徐凯华.浅谈南宋民间社团"齐云社"的形成及发展［J］.兰台世界，2014（31）.

［2］谭华，刘春燕.体育史（第二版）［M］.北京：高等教育出版社，2017.

10 "八段锦"的流行

宋代经济的发展和城市的繁荣为养生体育日趋丰富提供了充足的条件，简便易行的导引养生术陆续产生，中国古代养生体育进入了一个大发展的时期。

形成于12世纪的八段锦是中国传统保健气功，之后历代流传，并形成了许多练法和各式各样的风格流派。它动作简单易行，且健身效果显著，受到了大众的广泛欢迎和喜爱。八段锦之名最早出现在南宋洪迈撰写的《夷坚志》中；古人把这套动作比喻为"锦"，意思是动作舒展，形态如同锦缎般优美、柔顺。加之其功法共有八段，每段一个动作，所以有了"八段锦"的名称。八段锦实际上是八节动作连贯的健身体操，分为文八段坐式和武八段立式两种。传统医学认为，八段锦柔筋健骨、养气壮力，具有行气活血、协调五脏六腑之功能。

华佗曾对他的弟子谈论过导引术："人体欲得劳动，但不当使极耳。动摇则谷气得消，血脉流通，病不得生，譬如户枢终不朽也。是以古之仙者，为导引之事，熊颈鸱顾，引挽腰体，动诸关节，以求难老。"在医学家看来，导引的价值不仅在于"治未病"，还在于"治已病"，即他们关注导引所独具的医疗价值。八段锦把导引术的应用与中医理论也有机地结合在一起，并且对身体各部位进行了有效的锻炼，是我国古代导引养生史上的一个创举。

八段锦的出现代表着我国古代导引术适应大众需要、走向简约的趋势。在明清时代，动作简单易行且易于传播的八段锦得到了较为广泛的开展，并不断地发展和修改，社会上不同版本的八段锦成为当时人民大众锻炼身体的最好方法。当我们把目光由古代投向现代，会发现传统养生观为现代健身方法也提供了合理的行为模式借鉴。为了提高全民族身体素质，我国全面推行了全民健身计划，而人的素质包含了身心两方面的内容，只有身心并修，才能达到"身心合一"的理想境界。八段锦和我国古代养生观中所包含的"形神合一""天人相应"等思想，为我们提供了"身心和谐"的观点，对我们现代人建立正确的健身观具有独特的意义。

（马德浩　李岱泓）

参考文献：

［1］崔乐泉.中国古代体育文化源流［M］.贵阳：贵州民族出版社，2011.

［2］谭华，刘春燕.体育史（第二版）［M］.北京：高等教育出版社，2017.

［3］中国历代体育史话丛书编委.中国历代体育史话［M］.北京：外文出版社，2012.

［4］夏书宇，巫兰英，刘薇.中国体育通史简编［M］.郑州：河南人民出版社，2007.

11　武学的建立

武学即中国古代的军事学校，始于北宋。武学的建立离不开武举制度。武举制度源于唐代科举制度中的武科举，宋朝延续了唐代武举的遗风，并在此基础上有自己的创新和发展。宋代武举正式设科始于天圣七年（1029），武举不仅要考核参加者的弓马武艺，还加入了军事理论的考核，学习内容为诸家兵法和各种军事技术与军事指挥。

由于北宋立国以来长期推行崇文抑武之策，对边防不甚重视，以致康定初（1040），西夏李元昊反叛，边将屡败。这引起许多有志之士的极大忧虑，尤以范仲淹、富弼等最为突出。他们深感既有文事，当必有武备，极力主张设置武学培养军事人才来增强军事力量。

庆历三年（1043）五月，宋朝廷置武学于武成王庙。宋代武学发展并不是一帆风顺的，武学对学生的吸引力并没有很大，学生不愿意充当武学生，以致官方武学在宋神宗熙宁五年（1072）才正式成立。武学初建时期，招收学生一百人左右，学习期限为三年，毕业考试成绩依次排序分为外舍、内舍、上舍三级。宋代武学是由中央武学和地方武学两部分组成，武学招生对生源的限制较为宽松，入学者的身份可以是低级使臣甚至是平民。宋代的武学和武举作为一项国家军事制度，培养和选拔了许多的军事人才，武学制度在宋朝趋于完备和成熟。

武学中承载着武德、武艺，其包含着精忠报国、自强不息、道德至上、兼容并包等内涵，对培育当代青年的社会主义核心价值观，弘扬民族精神具有重大而深远的意义。在武学文化中还凝聚着中华民族积极向上、坚韧顽强的生命力，不断孕育和影响着一代又一代的中华儿女。习近平总书记在党的十九大报告中提到"文化是一个国家、一个民族的灵魂"，武学文化强调的传统道德和人文价值不仅可以为我国社会主义核心价值观的培育提供基本建设原则，还可以为新时代文化发展提供丰富的思想资源，使武学文化成为新时代鼓舞人民前进的精神力量。

（马德浩　李岱泓）

参考文献：

［1］杨向东，张雪梅.中国体育思想史（古代卷）［M］.北京：首都师范大学出版社，2008.

［2］李新伟.北宋武学考略［J］.贵州文史丛刊，2009，（2）.

［3］邱丕相.中国武术史［M］.北京：高等教育出版社，2008.

［4］李春晓.宋代武学的分布及其初步探究［J］.社科纵横，2016，31（8）.

［5］米燕燕.武术武德教育与构建社会主义核心价值观关系研究［J］.法制博览，2020，（24）.

12 《丸经》的编撰

捶丸是我国古代的球类运动项目之一，它的出现要追溯到唐朝时期的球类活动。唐朝时出现了一种球类游戏"步打球"，在当时只是一项女子的娱乐活动，而步打球到宋代演化成一种新型的球类运动，即捶丸。捶丸的最显著特点是在场上设球穴，用棒击球，击球有固定的击球点，使用的棒也有不同的类型，颇为讲究。其场地一般是在野外，呈现不同的地势，给击球增设障碍，增加难度，场地上设有小洞，在洞旁边插旗，球被击入洞中，得到一筹，以示为胜。

宋朝时期，儿童也很喜欢捶丸活动，在陈万里《陶枕》中有一儿童捶丸图，形象生动，表明当时捶丸活动很受欢迎。元朝时期，捶丸活动依旧盛行不衰，元人散曲和杂剧中多有提及。元世祖至元十九年（1282）"宁志老人"应捶丸运动爱好者之邀，从整体上对捶丸运动的场地、器材、比赛组织与竞赛方法、活动过程等有关规定和罚则做了详细的记述，拆繁就简后著成《丸经》一书。《丸经》是中国古代第一部全面描述一个运动项目方法、规则和道德标准的体育专业书籍。捶丸运动，大盛于宋、金、元三代，到了明代仍有发展，于清代走向衰落。

《丸经》中体现的"以和为贵""和而不同"等中国古代体育运动观，展现了古人在运动时对待输赢、胜负，态度上的淡泊，心态上的平和，言行上的谨慎，遵规守信的品质。捶丸运动中蕴涵的中华优良传统文化内涵，是中华文化在体育运动中扎根的表现，不仅对培养新时代体育人才正确的价值观和体育道德有重大的影响，同时对新时代创建和谐社会，宣扬社会主义核心价值观有非常宝贵的现实意义。

（马德浩　董珊珊）

参考文献：

［1］崔乐泉.体育史话［M］.北京：社会科学文献出版社，2011.

［2］崔乐泉.中国古代体育发展史［M］.北京：文津出版社，2010.

［3］崔乐泉，任塘珂.从《丸经》对古代捶丸活动的记载看中国传统体育运动观［J］.成都体育学院学报，2017，43（5）.

13　少林武功的闻名

少林寺以武功闻名天下，这当中少林武僧功不可没，他们不仅传播武学，还弘扬佛法。早在南北朝时期，便出现了大量僧人习武的佛教寺院，少林寺最初是位于河南省登封境内嵩岳少室山阴五乳峰下一个传播佛教的场所，武僧稠禅师主持寺院时，倡导禅武并修，从此开创了嵩山少林寺僧人习武之先河。到了隋唐时期，随着寺院尚武活动的发展，更多的僧人掌握了较高的武艺，一方面是为了强身健体，另一方面是为了保护寺院财产。当时寺院僧人习武还受到统治者的鼓励和提倡，这就使得佛门僧人习武风气更加兴盛。

唐朝时流传一个"十三棍僧救唐王"的故事，在开元十六年裴璀的《皇唐嵩岳少林寺碑》中就有记载少林寺僧人下山助唐王的故事。故事虽带有浓厚的艺术加工色彩，但是可以看到少林寺维护国家的利益、宣扬正义的精神。这段历史是已知最早的少林寺僧参与军事活动的记录。到了明朝时期，由于嘉靖年间海防松弛，中国东南沿海地区倭乱频发，严重影响当地人民正常的生活，在对战倭寇入侵中，少林寺僧兵加入应召队伍，拿起武器，保家卫国。在"僧兵抗倭"中，少林寺僧屡建殊勋，丰富了少林武术文化蕴含的"匡扶正义、维护国家与民族利益"的思想内涵，进一步扩大了少林武功的影响力，真实地展示了中华民族抵抗外侵的历史事实，有力地宣扬了维护国家利益的民族精神。

少林武功具有浓厚的中华传统文化特色，它不仅是对寺院武术活动的发展，更是对中华民族历史悠久的武术文化的继承。宣扬民族正义、维护民族国家利益方面的突出贡献，使少林武功名扬天下。少林武功和文化的传承和发扬，为现代社会发扬爱国主义精神，继承中华优秀的传统文化，展现中华儿女的精神面貌提供了价值取向。

（马德浩　董珊珊）

参考文献：

［1］崔乐泉.中国古代体育文化源流［M］.贵阳：贵州民族出版社，2011.
［2］马爱民.邺下高僧对少林寺和少林武术的贡献与影响［J］.体育学刊，2003（3）.

14　武术流派的形成

中国武术发展大致可分为三个阶段：第一阶段是原始社会时用于生产的狩猎技能；第二阶段是奴隶社会时用于军事战斗的技能，即武艺；第三阶段是随着武艺健身和娱乐功用的发挥及火器的使用，从作为军事战斗技能的武艺中分化出来一个专门的运动项目，这个分化过程经过长期的演变，到了明代才得以完成。

明朝建立之时，统治者就非常重视发展武术，一方面是为了巩固边防，明惠帝建文元年（1399）二月，开始设置武学，向人们传授武艺。政治上的鼓励以及武学和武举制度的大力推行，使得习武风气盛行，明朝著名的抗倭名将戚继光、俞大猷等均通过武举步入仕途，最终发展成为明王朝的军事中坚力量。另一方面是社会政治环境恶劣，农民起义军此起彼伏，民间也积极发展武术以实现一定程度上的自保。这些社会环境为明朝武术发展奠定了基础，为武术流派的形成创造了条件。

明朝时期由于参与练习武艺的阶层更加广泛、人数也越来越多，衍生出更多的武术器械、出现大量的拳种流派，武术套路更趋成熟，这个时候中国武术开始形成流派或门派，即在拳法和每一种器械中，有了不同风格、特征与内容的若干派别。明代的武术从整体上又有"内家"和"外家"之说。"外家"刚猛有力，属于攻击型的，盛行于少林寺，流传较广。"内家"刚柔相济，以静制动，属于防守型的。在明朝晚期，各家的武术拳种，如太极拳、八卦掌、少林拳等，开始逐步走向了套路化，它们逐步与中国传统的修身与养生相结合，并强调运气的重要性，注重以静制动及追求意、气、劲、形相互间的配合。

为了满足人们的练武需求，明朝时期刊印了大量的武术典籍，由此形成了较为完整的武术体系。明代主要有武术理论、套路体系及器械格斗等方式方法，并在其发展过程中形成了自己独特的功能体系。武术流派的形成，使武术成为一个独立的体系，开始按照自身的规律向前发展。

明代武术的功能体系中，非常重视武德思想的培养，并提倡在人格上要尊重对手。武术流派的形成对继承中华武术之精髓，全面系统地反映武术发展的丰富历程，研讨现代武术的发展有着极其重要的价值，它使中华武术这颗东方文化宝库中的明珠更加璀璨。中华武术承载着丰富的历史文化内涵，对新时代创造更多人民群众喜闻乐见的文化展现形式，丰富人们精神生活有非常重要的意义和价值。

（马德浩　董珊珊）

参考文献：

[1] 夏书宇，巫兰英，刘薇.中国体育通史简编［M］.郑州：河南人民出版社，2007.

[2] 赵红波.明朝统治者的军事需求与武术的繁荣［J］.兰台世界，2015（21）.

[3] 李吉远.明代武术史研究［M］.北京：中国社会科学出版社，2018.

[4] 王艳秀，蒋义排.明代武术功能演变述略［J］.兰台世界，2012（36）.

15　冰嬉的盛行

冰嬉作为我国北方民众一项传统的体育活动，其由来已久，早在隋唐时期就被北方的一些少数民族掌握。在雪地里滑行，起初是为了捕捉深山雪野中的猎物，虽然会面临摔跤，但是这样可以省时省力。

宋元时期的马端临编撰的《文献通考》中记述的"骑木而行"，是指生活在大兴安岭一代的古代室韦人（即指生活在今大兴安岭、嫩江一带的鄂温克族）为了适应积雪发明的一种交通运输工具。自宋代，冰上活动更为盛行，就有了"冰嬉"的明确记载。据《宋史·礼志》记载，当时的皇帝就喜欢冰上的娱乐活动，在后苑里"观花，作冰嬉"。

明代以前的冰上活动多以生产与生活为前提，具有一定的娱乐性质，进入明代，冰上运动形式更为专业化，"冰嬉"被列为宫廷体育活动。1626年建州女真首领努尔哈赤依靠滑冰技术战胜了巴尔虎特部，其使用的工具叫作"乌拉滑子"，是一种在鞋底绑以铁条，用手持杖撑动在冰上滑行的简易冰刀。随着滑冰活动的普及，明熹宗五年（1625）努尔哈赤在太子河上主持了盛大的冰上运动会，这是我国古代第一次冰上运动会。

清朝是中国古代"冰嬉"发展的黄金时代，这与满族人的风俗习惯有直接的关系。"冰嬉"是清代宫中流行的众多冰上活动的统称。它既是娱乐活动，也是军事操练，有激烈的竞争性。速度滑冰与军事训练有密切的联系，是当时八旗滑冰活动中最主要的项目，参加的人员最多。与此同时，滑冰开始服务于封建王朝的祭祀文化。清朝《冰嬉图》中展现了冰上运动的真实写照，皇帝要在参与"冰嬉"之前，参拜神灵，祈祷上苍，可以看出"冰嬉"成为当时皇族祭祀的主要手段。

清代的"冰嬉"活动不仅流行于皇宫内苑，在民间也较为普及，滑冰活动的内容也十分丰富，这些民间开展的滑冰活动一直流行到清末，经久不衰。冰上活动发展到清代，不仅是一种生产、生活技能，更成为一种国俗，并以特殊的方式表现其包含的军事特色和艺术内涵，对后来中国冰雪运动的发展产生了一定的影响。

滑冰运动作为人们为适应寒冷环境而出现的一种提高人们身体素质，宣泄不良情绪的冬季运动方式，不仅能够提高人们的体质健康，还可以丰富人们的精神生活，促进国家的精神文化建设。我国作为滑冰运动大国，群众参与度较高，滑冰运动文化历史悠久，2022年北京冬奥会的申办成功，将会进一步促进滑冰运动在国内的发展，使我国向体育强国又迈进一步。

（马德浩　董珊珊）

参考文献：

[1] 姜广义.我国古代冰雪运动发展分析［J］.体育文化导刊，2012（5）.

［2］崔乐泉.中国古代体育文化源流［M］.贵阳：贵州民族出版社，2011.

［3］崔乐泉，张红霞.从传统冰雪到冬奥文化：跨越时空的文化对话［J］.体育学研究，2019，2（1）.

［4］栾健，刘俊一.滑冰运动文化的当代价值及发展策略［J］.体育文化导刊，2019（9）.

16 《奏定学堂章程》的颁布

19世纪末20世纪初的中国面临被列强瓜分的危机，甲午一战中的惨败教训更让清政府意识到了现代学校教育的重要性。为此，1902年清政府为挽救统治地位，在管学大臣张百熙的主持下颁布了《钦定学堂章程》（壬寅学制），但该章程未能实行。随后清廷调张之洞入京主持对学堂章程的改订，最终于1904年1月13日颁布并开始实施《奏定学堂章程》，即癸卯学制。

《奏定学堂章程》规定各级各类学堂均开设"体操科"即体育课，并规定了体操课程的目标、课时、学科程度、教法要求等。癸卯学制时期的体育课程主要呈现了以下特征：一是提出的各级学堂的体操要旨，较为全面地反映了体育课程的三维目标。二是体育课的内容也相当丰富，有"普通体操""有益之运动""游戏""兵式体操"等。同时也规定地方"可视地方情形，若系水乡，应使练习水泳"，即学校可根据当地的实际情况，灵活选用教材。但仍存在不足：一是拿来主义体育课程模式，在教学指导思想上盲目照搬外国。体操课照搬日本学校体操课内容，体操教材是日本体操教材的译本，上课用的口令是"日语发音"。二是在教学内容上，兵式体操为主要教学内容。这使得体育课非常呆板、枯燥，且千篇一律，未考虑青少年身心发展的特点。同时在教学组织上，突出教师的主导作用，忽略学生的主体作用。三是在教学实施上，因体育教师缺乏，体育教师多以军人或会武术者充任，而这些不专业的体育教师的习气和作风，歪曲了体育课的真正目的，忽略了学生的真正需求，造成学生不喜欢体育课，很长时间以来，学生都把体育课看成是军体课。

《奏定学堂章程》仿效日本学制，所设置的体操课也受日本军国民教育思想的影响，该套学制一直沿用到清朝终结。但无论《奏定学堂章程》是在怎样的背景下产生的，也不管制定的初衷是什么，它作为中国历史上第一个由国家层面正式颁布且在全国普遍实行的学制，确立了体育在学校教育中的地位，奠定了中国现代体育教育的基础。同时，体操课的开设对培养国民的尚武精神和军事素养，去除文弱娇柔的传统习性，提升国民身体素质、培养青少年坚强的意志品质，也具有特殊的意义。

（张东洋）

参考文献：

［1］蒋国旻，王妍.近代体育课程改革及其反思［J］.体育文化导刊，2006（10）.
［2］王华倬.论我国近现代中小学体育课程的发展演变及其历史经验［D］.北京
　　　体育大学，2003.
［3］崔乐泉.中国体育通史（第三卷）［M］.北京：人民体育出版社，2008.
［4］谭华.体育史.［M］.北京：高等教育出版社，2009.

17　爱国会的成立

半殖民地半封建社会下的中国人民正生活在水深火热之中。国民体质羸弱，精神更是涣散。针对国民斯文柔弱的状况，以陈独秀为代表的先进爱国人士号召民众锻炼体魄，以执干戈而卫社稷。并于1903年5月17日发起，成立了爱国会，设体操会倡导"办团练兵"，利用西方近代体育手段，以达到反清灭洋的革命目的。

陈独秀作为先进的共产党员代表和爱国会的发起人，体育观是其早期思想的重要组成部分。他强调体育对民族、国家的发展有着积极重大的意义，积极倡导实践体育教学，对西方体育的引进和我国近代体育的发展起了重大作用。1901年11月，陈独秀东渡日本留学，就读于东京高等师范学校，在此期间他接受了西方近代体育的教育。第二年，陈独秀由东京返回安庆，与潘赞化等人组织"青年励志学社"，进行体操训练，规定社员每天要出操。据载，当时训练的口令还是使用英语。1903年陈独秀回到安庆后，以"青年励志学社"为基础，发起组织"安徽爱国会"，会中设演说、体操各会。众人公举陈独秀、潘晋华等7人起草章程。一星期后，再开大会，通过会章，建立机构。以"发爱国之思想，振尚武之精神，使人人能执干戈卫社稷，以为恢复国权之基础"为宗旨，宣传反帝，拒俄爱国，组织爱国演说，出版《爱国新报》，积极推动安庆地区爱国运动。学社有会员100多人，曾筹划联络上海爱国学社与东南各省志士，创办国民同盟会，但后因清政府破坏而失败。

爱国会虽遭到清政府的破坏而终止，但其思想促进了近代学校体育的发展。以陈独秀、李大钊等为代表的共产党人的体育思想对于我国学校教育的发展有着极大的促进作用，同时在一定程度上也促进了1919年五四运动的兴起与发展。由此可见，我党的创立者在革命初期便认识到了体育在强身健体、强国强种等方面的重要作用，这一思想对当代学校体育的发展具有借鉴意义和价值，也让世人清楚地意识到"身体是革命的本钱"，要以健康的体魄为国家谋发展，为民族谋复兴。

（张东洋）

参考文献：

[1] 林德时.陈独秀体育观之我见［J］.体育科学研究，1990（2）.

[2] 吕利平.陈独秀的早期体育观［J］.安庆师范学院学报（社会科学版），2000（1）.

[3] 崔乐泉.中国体育通史（第三卷）［M］.北京：人民体育出版社，2008.

18　中国近代体育专业人才培养学校的创办

清末废除科举后，新式学校激增，各级学校对于体育教师的需求也随之激增。民族危亡之际，人们不再孤立地谈教育改革问题，而是把教育问题与救亡图存的政治问题紧密联系起来，提出"革命之教育"的主张，以革命的教育来培养新人，服务于革命斗争的需要。在这样的背景下，当时的先进之士筹办了多所学堂教授体操课培育体育师资，为革命而教育。

据《中国近代体育史》记载，创办于1905年至1908年的学校就包括江苏两江师范体操专修科（1905）、浙江大通学堂（1905）、上海中国体操学校（1908）、上海中国女子体操学校（1908）等等。民国初年中国新式学校蓬勃发展，尽管这些学校培训了一些体育师资，但体育教师仍供不应求。相关数据表明，1906年至1912年，全国培养出的体操教员总计不过数千人，而1912年全国学校总数已超过8万所。在这些体操专业学校中，最为典型的则是大通师范学堂和中国体操学校。

大通师范学堂也称大通学堂。1905年，由徐锡麟、陶成章、龚宝铨等人创办于浙江绍兴，该学堂仅设体操专修科。该校的创办者以及后来的督办是秋瑾。他们均有海外留学的经历，深受西方进步思想的影响，认为教育的落后是导致中国贫弱受侮的重要原因，特别是看到日本通过明治维新一跃成为世界强国，触动很大。大通师范学堂是革命党人以开设体操专修科为名，实为培养训练革命党人军事骨干的学校。这些学堂的教员大多是革命党的领导人，在辛亥革命时期，教员和学生大多参加了革命武装斗争，为民主革命做出了贡献。该校于秋瑾就义后不久解散。

大通学堂虽然办学前后不过两年，但是其政治意义和教育意义是极其深远的。它不仅培养了一批军事人才，为辛亥革命积势蓄力；而且还为近代我国学校教育培养了一批体育师资，在促进学校体育发展的同时，也促进了青少年的健康成长。同时，大通学堂也开创了我国师范教育体系中设置体育专业的先河，对近代学校体育从自己的需求出发培养体育师资有启蒙作用。

中国体操学校是中国近代体育史上第一所培养体操专门人才的学校。由留日学生徐傅霖1907年创办于上海，后由徐一冰接办，第一期学生进校是1908年春。学校于1920年迁至浙江南浔。1922年校长徐一冰去世后，由其堂弟徐一行主持，直到1927年停办。1930年复校后更名"上海中国体育学校"，但只办了一年多，就因淞沪抗战爆发而停办。该校最初分男、女两部：男子部为中国体操学校本部，亦称中国体操学校；女子部亦称为中国女子体操学校，1913年春季后，因经费受限，与南洋女子师范学校合并，其校址迁至上海西门白云观南首安庆里，校长为汤剑娥女士，后于抗战前夕停办。中国女子体操学校的历史意义是十分巨大的，后文我们将详细讲述。

中国体操学校是私立学校，办学经费十分紧张。尽管经费缺乏，朝不保夕，但该校在徐一冰先生的带领下依旧办得有声有色。该校以"提倡正当体育，发挥全国尚武精神，养成完全体操教师，以备教育界专门人才"为办学宗旨，坚持办校20年，先后毕业学生共36届，1 531人。在课程设置上，分学科和术科两类。学科课程有：伦理学、教育学、体育学、生理学等。术科课程有：兵式体操、器械体操、拳术、武器等。学生考核包括：个人品行、体格状况、学科与术科成绩。

中国体操学校是20世纪初中国社会最有影响力的一所体育专门人才学校，该校反对"读死书，死读书"，注重理论与实践相结合。在这样的理念下，该校为近代中国培养了以吴志清、庞醒等为代表的杰出体育专业人才。除此之外，该校在徐一冰先生的领导下，开创了体育研究之先河，办校期间发表的学术文章，抨击体育领域里的种种弊病，宣扬体育对强身健体、强国强民的重要性，对唤醒民众的体育意识起了重要的作用。时至今日，它的办学经验和教育理念对当代的体育教育仍有一定的借鉴作用，比如考核内容从品行到体格，从学科到术科，要保证德智体全面发展，理论与实践相结合，才能培养出全面发展的人才。

（张东洋）

参考文献：

[1] 韩春芩.中国体育大事概述（1900—1948年）[J].体育文化导刊，2004（5）.

[2] 莫洁华，孙季成.清末大通学堂体育教育思想探究[J].体育文化导刊，2005（12）.

[3] 陈立农."中国体操学校"考[J].广州体育学院学报，2004（6）.

[4] 崔乐泉.中国体育通史（第三卷）[M].北京：人民体育出版社，2008.

19 中国女子体操学校的创办

我国近代女子专业教育始于1906年暑期上海务本女塾办的"体操传习会",1907年7月苏州长元吴劝学所"夏期女子体操游戏讲习会"和同年夏季由徐一冰先生举办的"体操补习会"。这三个短期培训班,招收16—30岁受过学校教育、身体健康的女子,进行5—6周的集中学习,以备师资之用。传习内容有瑞典式体操、普通体操、游戏等。由体育教师和刚从日本体操学校毕业回国的留学生任教习。

然而,正规的、有成效的女子体育专业教育之始,当推1908年春,由徐一冰、徐傅霖和汤剑娥创立的中国体操学校的分部——中国女子体操学校。该校的创办者都在日本受过系统的近代体育教育,归国后,仿日本体操学校模式创建该校。其办学宗旨、教学内容和教学方法都具有近代体育特征,科学性和进步性不容置疑。学校所设术科,即种种之体操运动,由汤剑娥主教。所设包括"体育学""教育学"等课程在内的学科,均聘当时沪上的"积学之士"任教。该校学制完善,办学正规,学有所长,每年都举办运动会。1908年2月徐一冰、王季鲁在上海西门外方斜路赁屋,改体操学校女子部为中国女子体操学堂,同年秋季开学,王季鲁任校长,汤剑娥任教务主任。1911年辛亥革命爆发,全体学生参加革命军,学校也因此停办两年。1913年又复校,更名为中国女子体操学校。1937年因战争停办,整个办校期间毕业生共46届,共1 700余人。

中国女子体操学校的办学宗旨是"施以适当之教育,养成知识技能完全之女教员"。所以学校创办的目的是培养女子体操教师及创建女子体操教材。但由于当时国家的新学制颁布不久,重男轻女的风气未改,尤其是女子学习体育专业,被视为奇事,所以生源并不很多,且大部分来自江、浙两省。加之办学条件的限制,一般每届只招收20人左右。但中国女子体操学校是中国近代史上第一所专门培养女子体育专业人才的学校,在为我国培养女性体育人才的同时,对当时的重男轻女的社会陋习也是一个巨大的冲击,更对中国近代女子的思想解放和身体解放有着示范和标志性的意义。时至今日，这种思想依旧闪耀着熠熠光辉。

（张东洋）

参考文献：

[1] 郑志林.略论我国近代女子体育的兴起 [J].体育文史，1994（3）.

[2] 陈立农."中国体操学校"考 [J].广州体育学院学报，2004（6）.

[3] 崔乐泉.中国体育通史（第三卷）[M].北京：人民体育出版社，2008.

20　精武体育会的成立

1910年3月，因英国大力士奥皮音在沪挑衅摆擂，有识人士北上邀请霍元甲来沪打擂，奥皮音惧怕霍元甲的威名不战而遁。后在虹口的日本技击馆武士亦挑战摔跤，霍元甲接连取胜，振奋人心，轰动上海。于是，上海有识之士敦请霍元甲及其徒刘振声留沪授武。遂由陈其美、农劲荪、陈公哲等于6月发起并组织集资在闸北王家宅（今交通路、会文路附近）举办精武体操学校，由霍元甲、刘振声教授武术，这便是中国近代第一个民间体育组织——精武体操会。1916年3月，精武体操会迁入原培开尔路73号并改名为上海精武体育会。

1919年，精武体育会在上海举行成立十周年纪念活动时，孙中山先生亲自题赠匾额，书写了"尚武精神"四个大字，并担任该会的名誉会长，还为该会特刊《精武本纪》撰写了序文。《精武本纪》记载了体育会成员对精武体育思想的理解和阐述，记录了体育会的活动，有助于人们理解这一团体及其价值追求。该书还收入诸多革命党人的文字和墨迹，体现了他们的尚武意识。精武体育总会提倡"体、智、德"三育并进和"乃武乃文"、体育以武术为主，逐步确立了初、中、高三级的"精武三十套武术基本套路"。德育上则以"爱国、修身、正义、助人"为精武精神，并积极提倡和实行。

精武的体育标语是"体育万能"，该会以"教授、弘扬中华武术，培养革命力量"为己任，这是中国近代体育史上成立最早、持续时间最长并具有深远影响的民间体育团体。精武体育会以"体、智、德"三星会旗和三星会徽为标记，代表精武体育会以"体、智、德"三育为宗旨，倡导"爱国、修身、正义、助人""强国、强民、强身""乃文乃武"的精武精神，发扬中华文化，寓教于体的理念，体现浓郁的爱国之情。精武体育会在国内存在长达40年之久，其把武术作为一种近代运动项目进行推广，并且融合了各家武术之所长，为近代中国体育的发展做出了很大的贡献，其精武精神强调要培养学生的德行，人无德不立，要以赤子之心为国而强、为民而强，这也充分体现了当代社会所倡导的社会主义核心价值观。

（苏银伟）

参考文献：

[1] 蔡爱国.民国初年的精武体育思想与时代和声 [J].体育文化导刊，2014（12）.

[2] 赵娜，米力，韩宝.上海精武体育会传承精武精神的历史渊源 [J].兰台世界，2013，31.

[3] 王占奇.早期精武体育会武术传播寻绎 [J].山东体育学院学报，2012，1.

[4] 彭跃清.精武体育会对我国武术发展的影响 [J].体育文化导刊，2011，6.

21 全国学界运动会的开展

随着近代西方体育项目逐步传入中国，相关的体育比赛也开始在中国举行。19世纪末，学校运动会逐步出现于中国大地，许多校际运动会，省、地区运动会纷纷举行。天津、上海的一些学校甚至举办了大区运动会和一些国际性的比赛。1910年，中国在南京举办了第一次博览会，亦称南洋劝业会。1900年的法国巴黎奥运会和1904年的美国圣路易斯奥运会都是受到奥运会＋博览会模式的影响，上海基督教青年会的美国体育干事、传教士爱克斯纳在南京劝业场筹办了一次运动会，称为"全国学校区分队第一次体育同盟会"（简称为全国学界运动会），并成立了与运动会同名的一个体育组织。

这次运动会分华南、华北、上海、吴宁（苏州、南京）、武汉五区，共140名运动员参加。比赛项目有田径、足球、网球（均为男子），篮球为表演项目。田径分高等组、中等组和学校组。参加学校组的有上海圣约翰书院、南洋公学、天津青年会日校、天津工业学校、河北通县协和文书院、武昌文华书院等。赛场术语均用英语。最后上海区获高等组田径、网球两项冠军，并获总分第一、华北区获中等组总分第一、圣约翰书院获学校组总分第一、华南区获足球冠军。该组织后来参与发起了远东运动会，并被后来的"中华体育协进会"承认是自己的"前身"，并定10月18日为"成立纪念日"。

辛亥革命以后，政府将这次运动会追认为全国第一届运动会，政府在中山陵区修建了中央体育场，即今天的南京体育学院所在地，在此共举办了3届全运会。受这次运动会的影响，我国近代体育由此逐步发展起来，已开始追赶世界竞技体育发展潮流。也正是自此开始，中国以积极参加远东运动会为契机，使得以举办全运会、远东运动会和单项比赛为中心的竞赛制度逐步确立，这对当时及以后我国体育竞赛的开展产生了重要的影响。

（苏银伟）

参考文献：

［1］刘文宽.百年前的南洋劝业会［J］.东方文化周刊，2017（7）.

［2］金建陵，张末梅.世博会在中国的前奏——百年前的南洋劝业会［J］.南京理工大学学报（社会科学版），2010，23（2）.

［3］金建陵，张末梅.百年前的南洋劝业会［J］.档案与建设，2010（3）.

［4］石子政.百年前的中国博览会——1910年南洋劝业会［J］.档案春秋，2010（3）.

［5］王贞.档案中的中华全国体育协进会［J］.北京档案，2020，8.

22　《体育之研究》的发表

1917年4月，《新青年》第三卷2号上，毛泽东以"二十八画生"为署名发表了著名的体育论文《体育之研究》。该论文的提出是毛泽东根据当时中国国力不振、国民身体素质孱弱的局面，给出了自己的建议，寄希望于通过发展体育运动，增强国民体质，达到救国救民的目的。

《体育之研究》以近代科学的眼光，就体育的内涵、价值、功能，以及体育与德育、智育的关系做了详尽的讨论。《体育之研究》在阐述体育内涵时指出："体育者，人类自养其生之道，使身体平均发达，而有规则次序之可言者也。"毛泽东运用朴素唯物主义及辩证法和近代科学知识，精辟地指出了"体育"的内涵，认为体育是人类讲究养生，使身体各部分均衡发展而有一定规律可循的学问。这个观点开近代"增强体质的教育观"之先河。

青年毛泽东在论证体育价值时指出："动以营生也，此浅言之也；动以卫国也，此大言之也。""体育之效，至于强筋骨，因而增知识，因而调感情，因而强意志。"他独具慧眼，从两个层面论证体育的价值。其一，从个人层次来说，体育能动以营生。一方面体育具有物质性的功效，表现为自然的，即增强人的体质，起到强筋骨的作用；另一方面，体育还具有精神性功效，表现为社会的，即参加体育锻炼还能增长知识，陶冶情操，砥砺人的意志。其二，从社会层次来说，体育具有保家卫国的功能。

毛泽东用辩证观点对当时中国的国力、武风进行思考，解读体育功能时指出："国力苶弱，武风不振，民族之体质，日趋轻细。"追根溯源则为"提倡之者，不得其本"。他强调指出：国人体力不充实，见兵就畏惧，所以武风不振。近代中国因国力"苶弱"，外战屡败，割地赔款，大伤元气，国风衰弱，民风羸弱，一个被欺凌、被羞辱的民族只能被抛弃于世界的边缘。青年毛泽东指出，要振兴国家民族，首先要强健国人的体魄。"欲文明其精神"，必"先野蛮其体魄"，就是这个道理。他从主客观上分析了国人鄙视体育运动的根源，分析了国力苶弱、武风不振与民族体质柔弱的关系，分析了体育与民族生死存亡之关系。一个民族能否屹立于世界民族之林，关键在于是否"富国强兵"，即富裕的经济、强大的军队，其核心是必须有一个强健的民族体魄。

毛泽东指出："体育一道，配德育与智育，而德智皆寄于体，无体是无德智也。……体者，载知识之车而寓道德之舍也。""体育于吾人实占第一之位置。体强壮而后学问道德之进修勇而收效远。"在这里，毛泽东对德智体三者的辩证关系进行了透彻的阐述，指出体育必须与德育、智育相配合，强调三者是互相渗透，不可分割，相辅相成，共同提高，缺一不可的。他认为身体的好坏严重影响着德育、智育的发展，形象地将身体比作寄托德、智的车与舍，开创性地提出"体育第一"之位置，把体育从"三育之末"一下提到首位，这种颠覆传统的勇气，可谓不同凡响。

《体育之研究》所展现的毛泽东的体育思想的基点，不仅仅在于强体健身，而更多地在于此基础上的救国救民，他的体育观已不仅是单一的生物性的小体育观，而是将个人锻炼和国家兴衰、民族存亡紧紧联系在一起的大体育观。他将体育作为救国图强的有效工具，指出了体育之根本价值所在。《体育之研究》的发表不仅在当时学界和体育界产生了极大影响，"三育并举"的思想对当代学校体育的发展也产生了较为深远的影响。

（苏银伟）

参考文献：

[1] 毛泽东.体育之研究［M］.新青年，1917.

[2] 王晓峰.毛泽东体育思想与精神的当代价值——从《体育之研究》谈起［J］.南京体育学院学报，2017（6）.

[3] 郑振友.论《体育之研究》对"阳光体育运动"指导意义［J］.北京体育大学学报，2009，32（9）.

[4] 王学锋，田玫.何为体育之真义——重读《体育之研究》有感［J］.体育学刊，2002（3）.

[5] 李力研.泡尔生对毛泽东体育思想的影响——《体育之研究》再研究［J］.中国体育科技，2002（3）.

23 《学校体育之研究》的发表

清末民初，随着外国殖民主义的入侵，中西文化产生了碰撞，传统体育式微了。一种基本上出于稳定和维护反动统治的目的而引进的近代学校体育，连同入侵者的教育思想、制度、内容和方法，也生吞活剥地被抄袭过来，张扬开来。以致当时的学校体育，往往徒具形体，甚至扭曲畸形，陷入了与本体背道而驰的困境：一曰军国民教育、一曰选手制体育、一曰放羊式教学。

针对这种封建性加奴性的浓烈色彩和反科学反民主的政治气氛，胸怀救国大志的青年恽代英于1917年6月在《青年进步》杂志上发表了《学校体育之研究》，提出学校体育之目的在于保学生之健康，提倡大众化体育，希望有更多的人参与体育活动。他第一次以近代科学观点专门提出了学校体育问题，第一次以专文形式发表了关于学校体育的专门论著，有如空谷足音令人耳目一新。《学校体育之研究》与毛泽东在《新青年》杂志上发表的《体育之研究》几乎同时问世，两相辉映，堪称中国近代体育史上的"双璧"。

恽代英在关于学校体育的目的上提出了自己的看法，认为学校体育就是"保学生健康""应对于各学生，无论其体质强弱，平均加以注意"。而不是"除例行的体操外，毫不加以注意。而于其中有运动能力者，则注意特甚，以为不如此不足以使学校名誉飞扬"。文章对当时学校体育中比较普遍存在的"军国民体育"和"选手体育"的做法均进行了无情的批判，指出军国民体育，其结果就是学生"究其对于强健身体之关系，毫不知晓，终无异于军队之从鞭笞教令中得来学问者而已"。而选手体育的危害则是让更多的人"骛于虚荣，枉正道以求不可必得之名誉"。

《学校体育之研究》郑重地提出了我国学校体育的改革问题。强调改革的要求是："改片段的体育为有系统的体育，改偏枯的体育为圆满的体育，改骤进的体育为渐进的体育，改枯燥的体育为有兴趣的体育。"这四句话，为学校体育规定了四条原则——系统性、全面性、科学性、生动性，体现了一个目的——"保学生之健康"。其具体的改革建议和措施就是：一要加授生理卫生学；二要定期对学生进行体格检查；三要增加学生体育锻炼时间；四要提倡在学校中多开展田径、球类运动；五要注意运动安全；六要注意女生特点。总之，学校必须重视体育，学校体育的目的必须明确，学校体育应有好的措施和方法。

《学校体育之研究》的问世，在中国近代学校体育史的里程中是一块卓然而立的丰碑；是对民族传统学校体育的扬弃；更是开了近现代中国学校体育研究与改革的先河。文章中提出的有关学校体育的本质、定位与价值，以及提出的改革要求和建议对于当代我国学校体育的发展与改革同样起到指引的作用。

（苏银伟）

参考文献：

［1］李凤程.《学校体育之研究》与我国学校体育——纪念恽代英《学校体育之研究》发表七十周年［J］.体育科学，1987（2）.

［2］崔乐泉.中国体育通史（第三卷）［M］.北京：人民体育出版社，2008.

［3］张文蒙，吴维铭.我国近代体育史上的齐声"呐喊"——纪念毛泽东《体育之研究》与恽代英《学校体育之研究》发表一百周年［J］.体育文化导刊，2017（8）.

24　壬戌学制的颁布

从清末至五四运动前，学校兵操推行了近20年，因其内容设置不适合青少年身心发展特点，又因兵操教师素质低下，所造成的社会不良影响日益严重。因此，学校兵操受到人们的广泛诟病与抨击，学校体育改革呼声日盛。"全国教育会联合会"于1919年10月通过《改革学校体育案》，该案提出了弱化或废止学校兵操的七大方案，力倡改"体操课"为"体育课"，尽管所提出的方案未能全部贯彻落实，但自此学校兵操体育逐步走向衰落，直至1922年壬戌学制颁布，学校兵操课被正式废止。壬戌学制是《学校系统改革案》的别称，又称"新学制"，因1922年是农历壬戌年，故史称壬戌学制。该学制由全国省教育会联合会经过多年的讨论，提出草案、最终形成决议并发布，并一直施行到新中国成立之前，在中国近代学校体育演进史上具有重要的地位。

壬戌学制破旧立新，废除了旧的教育宗旨，提出了"（1）适应社会进化之需要;(2)发挥平民教育精神;(3)谋个性之发展;(4)注意国民经济力;(5)注意生活教育;(6)使教育易于普及;(7)多留各地伸缩余地"等七项新标准,同时废除中小学校兵操,正式把学校"体操科"改名为"体育科",并扩大了学校体育的实施范围。该学制课程标准对中小学校体育课程内容、学分、课时等都做了明确规定,比如初、高中体育分别为16学分和10学分,田径、体操、球类、游戏等为体育课程的主要内容等。由此,人们对于学校体育就有了较为正确的认识和理解,同时也契合青少年儿童的身心发展特点,利于学生的健康成长。此外,该学制也提出要进行体育教学方法的创新研究,当时在体育课中开始推行"三段教授法"(准备运动—中段—整理运动),这为后来的"准备部分—基本部分—结束部分"的三段式体育教法的形成奠定了良好基础。

壬戌学制是中国近代教育史上影响最为深刻的变革之一,是中国教育界经过长期酝酿、集思广益并借鉴美国一些州所实行的"六三三制"所凝练的结晶。该学制提出了平民主义教育的新理念,对于推进中国学校体育的现代化发展产生了积极影响,同时也标志着中国近代以来学制体系建设的基本完成。该学制有关学校体育改革规定,确定了教育要符合时代需求,要因材施教,并且为当代体育核心素养奠定了基础,重新端正并加深了人们对于学校体育的认知,促进了体育教学方法的变革,同时也有助于青少年学生的健康成长。

（郑继超）

参考文献:

[1] 夏书宇.中国体育通史简编 [M].郑州:河南人民出版社,2007.

[2] 龚飞.中国体育史简编 [M].成都:西南交通大学出版社,2010.

[3] 崔乐泉.中国体育通史(第三卷)[M].北京:人民体育出版社,2008.

25　中华全国体育协进会的成立

中国近代体育发展中多见外国人的身影。比如,1922年在北京成立的中华业余运动联合会的名誉干事为美国人葛雷，该会的多名执委也都是外国人。更有甚者，葛雷竟在1923年东京第6届远东运动会上代表中国登台讲话，引起了国内及海外华侨的强烈愤慨。可见，中华业余运动联合会实际是由外国人控制的傀儡组织。随着反帝斗争的不断推进以及运动竞赛活动的日益增多，国内有识之士发出了从外国人手中收回中国运动竞赛主办权的强烈呼声。在此背景下，"中华全国体育协进会"宣布成立，即为"中华全国体育运动总会"的前身。

1924年8月，全国体育人士齐聚南京并召开大会，宣布正式成立"中华全国体育协进会"，所选举的会长、副会长和名誉主任干事均为中国人，董事会15人也全部为中国人。大会还通过了"中华全国体育协进会"的有关章程，强调该会旨在"推动全民体育发展、发扬业余体育运动精神、提高运动技术水准以及加强国际体育联系"，其主要职责在于协同有关部门筹办第4—7届全国运动会和第8届远东运动会，筹组参加第7—10届远东运动会的中国代表队等。该会成立后，就代表中国先后加入了远东体育协会、国际足球联合会、国际业余运动组织等国际性体育组织机构，至1931年被正式认定为中国的国家奥委会。

"中华全国体育协进会"以统筹推进全民体育运动发展、举办全国性运动赛事以及组织参加国际竞技体育赛事为己任，其成立标志着中国已从外国人手中收回了体育主权，外国势力操纵中国体育竞赛的历史已宣告结束。国人为争取体育主权所做出的无畏抗争，所表现出来的炽热的爱国情怀，令人折服。自此，中国体育运动赛事发展逐渐步上正轨，并开始走向世界。

（郑继超）

参考文献：

[1] 崔乐泉.中国体育通史（第三卷）[M].北京：人民体育出版社，2008.

[2] 丁华民，志敏.奥林匹克运动在中国[M].长春：吉林文史出版社，2006.

[3] 吕玉军，伯克.民国时期的中华全国体育协进会[J].历史档案，2001（4）.

26　中国首次派员正式参加奥运会

1931年，国际奥林匹克委员会正式承认"中华全国体育协进会"为中国的国家奥委会。自此，中国才正式与国际奥委会建立关系，并开始出席和派员参加奥运会。1932年第10届夏季奥运会举办之际，国内却战乱不断、硝烟弥漫，日本帝国主义侵略者竟借机声称要派2名运动员代表伪"满洲国"参赛，顿时国内外一片哗然，迫于舆论压力，当时的国民党当局才宣布派员参加奥运会，这也是中国首次正式派运动员代表参加夏季奥林匹克运动会。

1932年7月30日至8月14日，第10届夏季奥林匹克运动会在美国洛杉矶举行。而就在本届奥运会将开幕的前一天，中国代表团一行5人，包括代表沈嗣良、教练员宋君复、运动员刘长春、职员申国权和刘雪松，却还在茫茫太平洋上漂泊。他们面色凝重，凭栏沉思，默无声息，望着眼前的惊涛骇浪似乎像是看到了祖国内忧外患的时局，顿时百感交集，忧思涌上心头。在太平洋上整整漂泊了25天之后，中国代表团才到达洛杉矶。但还来不及休整，运动员第二天便要仓促上阵参赛。由于舟车劳顿，水土不服，刘长春终因体力不支在其所参加的100米和200米赛跑预赛中遭淘汰，中国体育代表团也就此止步本届奥运会。即便如此，中国人也第一次在奥运会赛事中留下了成绩记录，即刘长春的100米预赛成绩11″1，200米成绩22″1。

1932年洛杉矶奥运会是中国首次正式派选手参加夏季奥林匹克运动会，将永远载入中国体育史册。尽管中国体育代表团的运动员仅有刘长春一人，即便他在100米、200米预赛中就遭落选，但这是在日本帝国主义侵略者挑衅和国家内忧外患的艰难时刻，宣示了中国的国家体育主权，体现了国人浓厚的爱国主义精神和深切的家国情怀，同时也实现了中国在奥运会赛事成绩记录中"零"的突破，具有重要的历史意义。这段内忧外患的国家历史、这届永载中国体育发展史册的奥运会、这份浓浓的爱国情都值得我们深刻铭记。

（郑继超）

参考文献：

[1] 丁华民，志敏.奥林匹克运动在中国 [M].长春：吉林文史出版社，2006.

[2] 陈刚，蒋苏，吕艳玲.民国前期的我国体育发展 [J].体育文化导刊，2012
（7）.

27　苏区体育运动的发展

1927年，毛泽东带领一大批革命志士转战井冈山建立革命根据地，并逐步建立了中华苏维埃共和国。随着苏维埃政权的建立与不断巩固，共产党人在苏区一边进行革命斗争，一边发展科教文卫体事业。其中，体育发展受到了各级政府和红军领导机关的高度重视，赤色体育会、列宁室等体组织机构的相继成立，更好地促进了苏区群众体育和学校体育的发展。同时，体育也是部队文化生活的重要内容之一。

在毛泽东、朱德、邓小平等党政领导同志身体力行的影响下，苏区广大干部群众参加体育运动的积极性和热情陡升。乒乓球、篮球等运动竞赛以及踢毽子、放风筝等体育游戏都得到了蓬勃发展。1933年5月30日至6月3日，在中央苏区的瑞金叶坪召开了"五卅"运动会，共有180名选手参赛。本届运动会是规模最大的一次全苏区性运动会，对整个苏区体育运动发展起到了重要的示范和推动作用。此外，苏区还举办了多项全区性、省级、县级运动会，在推动苏区的群众体育发展方面发挥着积极作用。

为了培养共产主义建设的新接班人，苏区政府非常重视青少年儿童教育。在根据地普遍设立列宁小学，其学习年限分前、后两期，前期3年为初级小学，后期2年为高级小学，共5年。在教学过程中，把知识传授、体育锻炼、政治斗争三者有机结合。其中，体育在整个教学中占有重要位置，列宁小学在各科教学中始终都要穿插一些有关体育运动的文字。因此，列宁小学不仅是思想文化教育的阵地，也是培养身强体健的共产主义新一代的革命场所。

早期中国共产党领导下的苏区体育运动在中国共产党史上留下了深

深的印记，也是红色体育发展的开端、红色体育精神形成的萌芽期。在那段艰难的斗争岁月里，苏区人民在英勇反抗国民党反动派"大围剿"的同时，仍不忘开展体育运动，这说明我党深刻认识到体育运动能够强身健体、强国强种的价值所在。时至今日，重温那段历史记忆，有助于我们更好地了解早期党领导下的革命根据地的体育运动发展情况，也有利于我们更好地走进那段峥嵘岁月，学习早期党领导下的体育发展史，并深深感怀与铭记。

（郑继超）

参考文献：

[1] 谷世权.中央苏区时期列宁小学、儿童团和少先队的体育［J］.体育文史，1986（6）.

[2] 李鸿鸽.民国时期中共根据地的群众性体育活动研究（1931—1945）［D］.东北师范大学，2008.

28　延安时期体育运动的发展

在经过二万五千里长征后，红军胜利抵达陕北，并以延安为中心建立了陕甘宁边区，这也成了中国共产党指挥抗战的中心。延安时期，各项事业都顺利开展，体育运动在党的领导下也得到蓬勃发展。从对体育运动的组织领导到成立延安大学体育系，再到倡导开展体育科学研究，相较于中央苏区时，体育有了较大的推进。

1940年5月4日，经延安各界体育积极分子商议，延安体育会正式成立，李富春同志任名誉会长。该会的主要任务是"积极组织和推动各机关、部队、学校、工厂的群众体育活动，增强体质，提高工作、生产和学习效率，以使战胜日本侵略者"。同时，该会还倡导每天运动10分钟，应利用节假日经常组织群众性运动会及各种比赛等。延安体育会的成立有利于强化党对群众体育运动的领导，也推动了当时群众体育运动的发展。

1941年8月，延安大学体育系成立，由于战争原因，该系虽仅存在了一年，却为解放区培养了一批体育干部，储备了体育管理方面的人力资源，助推根据地体育事业发展。其中，特别是老一辈革命家身上所展现出的自力更生艰苦办学的精神最为闪亮耀眼，也成了红色体育精神的宝贵财富。

1942年1月25日，延安新体育学会成立，并通过了《新体育学会简章》，朱德任名誉会长。该会旨在研究新的体育理论与编写各种体育教材，进行体育调查研究工作。在当时那样艰难困苦的生存环境中，党领导下的新体育学会还能注重倡导要搞好体育研究工作，实在难能可贵，值得我辈铭记感怀。

1942年9月1日，陕甘宁边区"九一"扩大运动会举办，该运动会是在陕甘宁边区体育运动日益发展壮大的形势下举行的，同时也是在党中央和边区政府的直接领导下开展的。本届运动会是抗战时期在革命根据地举行的规模最大的一次运动会，共有1 300余人参加，分男子、女子、少年三个组别，比赛项目除田径、篮球、排球、游泳、网球、马术、跳水等常规体育竞赛项目外，还包括射击、掷手榴弹、武装爬山等军事项目，以及团体操、舞蹈、武术等表演项目。项目类别的多样性，参与人员的广泛性与较好的运动竞赛成绩都凸显了本届赛事在延安时期体育运动发展史上的重要地位。

延安时期党领导下的体育运动获得了较快的发展，尤其是在群众性体育运动和各类体育竞赛方面。这段历史是党史的一部分，也是红色体育发展进程中的一抹亮红，是红色体育精神的延续，更是党留给我们的一笔宝贵财富。今天，重拾这段体育发展的红色记忆，能够帮助我们重新走进延安时期革命根据地，感触那段峥嵘岁月，认真学习和仔细领悟老一辈革命家艰苦卓绝、迎难而上、持之以恒的顽强奋斗精神，我们更要铭记于心，深刻感怀，传承发展。

（郑继超）

参考文献：

［1］毛毛.体育，延续红色血脉——延安时期的体育故事［N］.陕西日报，2020-
06-30（9）.

［2］李鸿鸽.民国时期中共根据地的群众性体育活动研究（1931—1945）［D］.东
北师范大学，2008.

［3］刘力源.吴蕴瑞：以科学之眼，带人们认识真正的体育［N］.文汇报，2020-
01-23.

二、新中国成立后体育事件

1 《新体育》杂志的创刊

《新体育》是新中国第一本体育杂志。建国初期，中国共产党和人民政府经常需要宣传关于体育运动的方针政策，需要评述国内外重大体育比赛，报道中国体育健儿勤学苦练、为国争光的事迹。团中央决定办一本体育刊物，由郝克强出任总编辑。郝克强来到北京与燕京大学教授林启武、北大教授管玉珊、北师大副教授苏竞存、辅仁大学讲师阎维仁一起组成了编辑委员会。1950年7月，第一期《新体育》面世，毛泽东题写了刊名。

由于新中国刚刚成立，全国上下几乎没有专业运动员，体育活动也很少。因此，《新体育》组稿很困难，找不到人撰稿。除了翻译国外资料外，只能找体育教师撰稿，内容几乎都是体育教学、技术介绍等方面的论文。郝克强要求《新体育》的编辑和记者不要局限在体育工作者的圈子中，要到学校、厂矿去，报道一些既是劳动模范又是体育积极分子的人物事迹，要宣传党的体育工作方针政策，宣传体育运动对生产、国防和增进人民健康的意义。创刊号所需的十几篇文章，整个编辑部用了大半年才凑齐，封面设计采用了古希腊奥林匹克掷铁饼者的形象。当时的创刊号印了一万册，很快卖完后，又加印了五千册，之后每期都能发行近两万册。

1952年赫尔辛基奥运会，中国体育代表团共40人，在奥运会上与国外体育竞技水平的差距，对我国代表团的触动很大。中央人民政府委员会决定在政务院增设中央体育运动委员会。体委成立后，国内的体育比赛活动开始增多，报道的数量节节攀升，《新体育》杂志迎来第一个发展高潮。伴随着20世纪80年代中国女排的连战连捷，《新体育》也进入了黄金时期，编辑部扩充至三四十人，仅女排项目的随队记者就超过三名，此时的《新体育》每期发行近130多万册。随着奥运会、亚运会、世界杯足球赛以及全运会等大型赛事的纷至沓来，全国人民对体育赛事的关注度空前高涨，《新体育》也成为国内体育类别的热门杂志。《新体育》不仅开创了许多沿留至今的子刊，还开始了体育媒体的新尝试。

作为新中国体育杂志的鼻祖，《新体育》不仅见证了新中国体育从落后到强大的转变，从竞技体育到全民健身的发展历程；也推动了我国体育事业的蓬勃发展，记录下了新中国成立以来一个又一个重要的体育历史事件。它通过一篇篇的文章，激励着一批又一批体育人为国家体育事业奋斗终身，鼓舞着一代又一代中国人为建设祖国而强健体魄。

（张杰）

参考文献：

［1］刘蒙.《新体育》杂志不同发展时期的报道研究［J］.上海体育学院学报，2009（4）.

［2］李凤梅.新中国成立初期《新体育》杂志的体育"化大众"与体育"大众化"实践及启示［J］.首都体育学院学报，2020（7）.

2　第一套广播体操的诞生

新中国成立后，广播体操作为全民健身的一项重要体育运动，时至今日仍不断更新迭代，经久不衰。在建国初期，全国政协第一届会议召开并通过的《中国人民政治协商会议共同纲领》中，便规定要"提倡国民体育"。1951年11月24日，中华全国体育总会公布和推行了我国第一套广播体操。当时，全国各地已有中央人民广播电台及北京、天津、上海等40座人民广播电台播送广播体操，每天占用52个波长，总计1 205分钟，为满足收听不便的地区，先后供应了3 800张"广播体操"唱片。全国上下伴随着"广播体操现在开始"的音乐，千百万人跟着广播乐曲做操，这是中国历史上破天荒的新鲜事。

我国第一套广播体操的诞生历程也颇为坎坷。建国初期，百废待兴，我国体育事业没基础、没经验，就连一片适合开展体育锻炼的场地都难以寻觅，要通过怎样的方式才能让全国人民参与到体育锻炼中来呢？1950年8月，中华全国体育总会筹委会向苏联派出了第一支体育代表团，希望学习并仿效苏联的体育制度，找到属于我国自己的"强身之路"。在这次"取经"之行中，苏联体操给了我们很大启发：这种体操不需要特殊场地或器械，也不需要有事先的技术训练，不同年龄、性别、健康状况的人都可以参与，深受老百姓的喜欢，非常便于大范围推广。

当时代表团中唯一一位女性成员，杨烈从苏联回国后写了一份报告，送到中华体育总会筹委会办公室，建议仿效苏联创编一套我国自己的全民健身操。这份报告立即得到了筹委会的重视与支持，杨烈开始着手健身操的创编工作。可是当时全国缺乏体育人才，去哪里找合适的人选呢？她找到了同在体总筹委会的同事刘以珍。刘以珍是北京师范大学体育系科班出身。早在大学期间，她就坚持做一种名为"辣椒操"的运动，它是从日本引进、有音乐伴奏的徒手体操，通过广播电台播放音乐，指挥大家一起做。参考了日本广播体操的结构后，刘以珍很快就给新中国第一套广播体操定下了基本框架：一共10个小节，第一节是下肢运动，第二节是四肢运动，从第三节胸部运动开始，运动的强度逐渐加大。原本最后一节是整理运动，为了适应国民需要，刘以珍在日本体操的基础上，自创了一节呼吸运动作为整套操的结束。至此，我国终于创编出了一套属于自己的广播体操。

时至今日，我国的成人广播体操已经更新到了第十套。广播操的动作创编也更为科学合理，不断将武术、健美操、韵律操等新元素加以融合。但第一套广播体操的诞生有着非同一般的意义，它在建国初期，当人民对健康的迫切需求与体育资源匮乏产生矛盾之时，为我国的全民运动注入了一支强心剂。全国人民"发展体育运动，增强人民体质；锻炼身体，保卫祖国"的口号中蕴涵着一个民族的强烈愿望：身体是革命的本钱，锻炼身体就是为了保卫祖国、建设祖国！

（张杰）

参考文献：

[1] 陈晓华，熊纯子.浅谈我国广播体操的发展演变 [J].文史博览（理论），

2011（8）.

［2］刘俊一，徐莹，马睿.我国广播体操60年发展回顾与展望［J］.体育文化导刊，2011（6）.

［3］于丽爽.中国广播体操由来［J］.传承，2010（10）.

3 中华全国体育总会的成立

新中国成立后，民弱国穷，百废待兴。国家领导人一直为摘掉"东亚病夫"的帽子而不懈地努力。而国民体质的改善有赖于体育的普及，普及体育运动最重要的是建立高质量的体育组织并且加强管理。党中央和政府高度重视体育事业的发展，于是发展体育组织、增强体育事业被提上了日程。

1949年10月26—27日，团中央受党中央和中央人民政府委托，召集原中华全国体育协进会的理事，上海、河北等24个省市、解放军、共青团、教育部等有关部门的代表，召开了中华全国体育总会筹备委员会（即中华全国体育总会第一届代表大会）。这是新中国的第一次体育会议，会议的召开结束了旧中国中华全国体育协进会的历史。此次会议后，中华全国体育总会筹委会着手实际工作，开始选调干部，组建独立的实体办事机构，积极发展会员。

1952年6月20—24日，中华全国体育总会在北京举行第二届全国代表大会，宣告中华全国体育总会成立，英文名称：All-China Sports Federation，缩写"ACSF"。中央人民政府主席毛泽东、副主席朱德为成立大会题词，毛主席的题词是："发展体育运动，增强人民体质。"朱德副主席的题词是："普及人民体育运动，为生产和国防服务。"其中，毛主席的题词成为体育工作的指导方针和主要任务，在今天仍具极高的指导意义。

1952年，中华全国体育总会成立后在其章程里明确规定了"体总"的宗旨："在中央人民政府和中国共产党的领导下，根据共同纲领第48条：'提倡国民体育'的规定与人民政府有关发展体育的政策，协助政府组织、领导并推进国民体育运动，为增进人民身体健康及为国防与生产服务。"中华全国体育总会的任务是："制定全国体育运动计划，并领导与督促全国各体育组织实施之；制定并公布各种有关体育运动的制度及规则；负责国际间体育运动事务联络工作；举办全国性的运动竞赛会，选拔并训练各项运动的国家选手；编制体育运动书刊；向广大人民群众进行体育运动宣传教育工作；培养体育工作干部；审计并审查全国重要运动场地建筑设备及运动用品。"

至此，中华全国体育总会形成了全国自上而下较为完整而系统的组织体系，它对于团结体育工作者，努力发展新中国的体育事业，特别是尽快使新中国的体育事业与世界接轨乃至走向国际，发挥了重要作用。70年来，中华全国体育总会作为党和政府联系广大体育工作者和人民群众的桥梁与纽带，在协助国家体育行政机构开展群众性体育活动、促进奥林匹克运动在中国的发展、改革体育管理体制等方面都起到了重要的作用。

（杨阳）

参考文献：

[1] 陈振翠.中华全国体育总会发展60年论略 [J].运动，2011（13）.

[2] 孙大光，覃燕庆，王军.中华全国体育总会光辉历程60年 [J].体育文化导刊，2010（5）.

4　新中国在奥运会的首次亮相

在当今世界泳坛，一提起"飞鱼"的称号，人们便会想起菲尔普斯、索普等世界级泳坛名将，该称号似乎离中国游泳运动员还很遥远。但事实上，早在半个多世纪以前，中国就诞生了一名世界级泳坛名将，他就是有着"中国飞鱼"之称的吴传玉。吴传玉为新中国游泳运动及整个体育事业的发展进步开创了多个第一。他是新中国成立后第一位参加夏季奥林匹克运动会赛场的中国运动员，是第一位在重大国际比赛中获得冠军的中国运动员。

吴传玉，出生于印度尼西亚的沙拉迪加。他从小喜爱游泳，成年后，在印度尼西亚的一家书店当店员，他经常利用业余时间在当地中华游泳会的游泳池内进行训练。这个游泳池的条件很简陋，但他训练却十分认真、刻苦，技术提高很快。在20世纪40年代，他在一次华侨组织的游泳比赛中战胜了荷兰冠军，从此，开始在泳坛崭露头角。

1951年，他参加了在柏林举行的第三届世界和平青年与学生友谊联欢节，在游泳比赛中取得了百米仰泳第二名。这次比赛使他有机会与新中国的运动员相会，他耳闻了新中国成立后各方面生气勃勃、蒸蒸日上的好消息，心里高兴极了。同许多华侨青年一样，他向往着祖国。还在孩提的时候，他刚刚学习游泳，就天真地想，有一天能游回祖国去。后来，他做出了抉择，在参加联欢节后，毅然返回到社会主义祖国的怀抱，受到党和人民的热烈欢迎。

1952年，芬兰的赫尔辛基举办了第15届夏季奥林匹克运动会。此次奥运会开幕前，国际奥委会举行会议，决定邀请中国重回奥林匹克大家庭，邀请中国运动员参加此次奥运会。这是一个重要但却迟到了的决议，这个决议做出时距离此次奥运会开幕只有两天时间，而当中华全国体育总会获悉该决议并收到邀请函时，奥运会已经开幕了。对此，周恩来总理做出批示，新中国将派代表团参加奥运会，即使时间仓促，赶不上正式比赛，也可以与其他国家代表团、运动员多交流，开展友好工作，宣传新中国的新面貌。

新中国奥运代表团成员共有40人，其中就包括吴传玉。当他们风尘仆仆抵达赫尔辛基时，奥运会正式比赛已经接近尾声。按照赛程安排，中国奥运代表团只能参加男子一百米仰泳比赛和最后的闭幕式。如此，只有吴传玉能够代表新中国亮相此次奥运会正式比赛赛场，中国奥运代表团的所有目光都集中在了这位20多岁的小伙子身上。尽管一百米仰泳并不是吴传玉平常训练的重点项目，且在赶往赫尔辛基的路途中消耗了很多体力，但他肩负祖国和人民的希望，英勇应战。虽然在第一轮比赛中遗憾被淘汰，但他游出的1分12秒03的成绩还是载入了奥运会的史册，成为新中国运动员留下的第一项奥运会比赛记录,他也因此被认为是"新中国奥运第一人"。吴传玉在回到祖国后,受到热烈欢迎,他也表示未来将以更加优异的成绩回报祖国人民的信任。1954年10月,吴传玉再次出征,此行的目的地是匈牙利的布达佩斯。然而令人扼腕叹息的是,吴传玉乘坐的飞机在途中失事,年仅26岁的他不幸遇难。

中国1952年的奥运会之行可谓历尽艰险。而如今,中国不但可以名正言顺地参加奥运,甚至已成功举办过夏季奥运会,中国国际地位今非昔比。而历史会永远铭记,吴传玉写在1952年的"第一次"。

(杨阳)

参考文献:

[1] 陈丽波."中国飞鱼"吴传玉的游泳传奇[J].兰台世界,2014(34).

[2] 刘守华.新中国首次参加奥运会迟到10天内幕[J].文史博览,2005(21).

[3] 晓霞.为新中国争得第一块金牌的吴传玉[J].体育文史,1984(1).

5 第一所高等体育院校的成立

1952年,教育部对全国高等院校进行院系大调整,将南京大学、金陵女子文理学院和华东师范大学三校的体育系科调整合并,组建新中国第一所高等体育学府"华东体育学院",即上海体育学院的前身。11月,政务院正式任命吴蕴瑞教授为院长,他也是上海体育学院首任院长,任院长一职长达24年。他是中国近现代体育教育事业的开拓者、奠基人,运动生物力学研究的先驱。以"为祖国培养专业的体育人才"为目标的华东体育学院,最初选址在上海梵皇渡路(现名万航渡路)1575号。1956年2月,更名为上海体育学院,并一直延续至今。同年6月,校址迁至上海清源环路650号,校舍建筑面积共44 382平方米。

上海体育学院作为新中国第一所体育高等学府,从制定教学计划、教学大纲、编写教材开始,到引进高水平的师资、重视学科建设等方面,做了大量的开创性工作,屡开国内体育教育新风。学校初创时,首任院长吴蕴瑞先生潜心探究先进体育学术理念，奉体育为人之完整教育，循"身心一统、德技相长、文理兼修、服务社会"之思想，倡"严谨笃实、悉心治教、为人师表、教学相长"之教风。学校成立之初，吴蕴瑞教授以其高尚的品格、渊博的学识、求贤若渴的精神，在体育教育界树起了一面旗帜。当时，上海体育学院人才荟萃，聚集了一大批国内外知名体育教育专家和学者，如我国体育界第一位女博士、运动解剖学学科创始人张汇兰、吴邦伟等知名教授也位列其中；开创了体育理论、运动解剖学、运动生理学、体育教学理论与方法等学科，奠定了学院的办学基石。

作为中国第一所高等体育院校必然承载着不同时代所赋予的使命和任务。从单科性体育院校到现在以体育学为主干、多学科交叉融合、协调发展的特色性应用研究型大学，再到入选国家"双一流"建设高校，我国第一所高等体育院校在高等体育教育的版图上，画下了自己浓墨重彩的一笔，亦宛如一盏明灯，照耀着中国体育发展之路。

（罗丹）

参考文献：

[1] 姚颂平.改革开放30年上海体育学院发展回顾［J］.上海体育学院学报，2009，33（1）.

[2] 刘力源.吴蕴瑞：以科学之眼，带人们认识真正的体育［N］.文汇报，2020-01-23.

6　新中国第一个体育制度的颁布

"劳卫制"是"准备劳动与卫国的体育制度"的简称，是由当时的国家体委主任贺龙领导创建并推行的。1954年2月11日，经政务院批准，1954年5月至1958年10月在全国的学校、部队和机关等推广"劳卫制"。其对增强我国国民体质起到了重要的推动作用，特别是对学校体育产生过重大影响。

"劳卫制"始于苏联。1950年，我国访问苏联的代表团带回了有关

"劳卫制"的详细资料，并在当时的体育杂志《新体育》上做了介绍。此后，我国开始派体育专家前往苏联专门学习"劳卫制"，并结合我国当时的实际情况，开始讨论劳卫制在我国开展的可能性，自此，"劳卫制"开始被国人所了解。

1953年底，全国体育运动委员会党组向中央提交了《关于加强人民体育运动工作的报告》。1954年初，毛泽东主持召开中央政治局会议，讨论并批准了该报告。党中央在批转这个报告时强调："在全国中等以上学校学生中，有准备有计划地推行'准备劳动与卫国'体育制度（简称劳卫制）的预备级，并选择其中条件最好的学校，重点试行劳卫制。然后，在全国范围内逐步推广劳卫制，并施行运动员的等级制度。全国各部队除加强体育训练外，亦应有重点地试行劳卫制。"

1954年5月4日，经过专家对我国体育活动开展情况的调研，并结合我国的实际情况，我国颁布了《准备劳动与卫国体育制度暂行条例》《准备劳动与卫国预备级暂行条例》。"准备劳动与卫国"体育制度的颁布标志着我国第一个体育锻炼标准的建立，经过4年多的实施改进，国家体委1958年正式公布了《劳动卫国体育制度条例》。该制度规定了当时全国统一的体育锻炼项目和考核标准。它要求从体力、耐力、速度、灵敏等方面，全面提高和增强身体素质。体育锻炼标准分为三级，即劳卫制预备级（准备阶段）、劳卫制第一级和劳卫制第二级。根据性别、年龄在每一级中又进行了分组，男、女各分三组。

"劳卫制"不是一种简单的体育制度和标准，而是通过这种制度传递出对人类精神和民族意识的唤醒，从根本上体现劳动和保卫国家的任务。作为新中国第一个体育制度，可以说，"劳卫制"是中国体育制度的基础。更为重要的是，通过"劳卫制"高强度的体育锻炼，不少人都获得了健康的体魄。虽然"劳卫制"离我们远去已有60多年，关于"劳卫制"的记忆和故事只能从珍藏的档案中去寻找，但"劳卫制"所倡导的体育锻炼精神永远不会消失。

（罗丹）

参考文献：

［1］霞飞，高占树.贺龙创建中国式"劳卫制"［J］.党政论坛，2010（10）.

［2］中国人民政府体育运动委员会.关于公布"准备劳动与卫国"体育制度暂行
条例、暂行项目标准、预备级暂行条例的通告［J］.山西政报，1954（9）.

7　第一届全国运动会的成功举办

新中国成立后，体育事业发展蒸蒸日上，第一个国际比赛冠军与第一个世界纪录相继诞生。1958年，中国共产党第八次全国代表大会第二次全体会议通过了"鼓足干劲，力争上游，多快好省地建设社会主义"的社会主义建设总路线。同年，中共中央下达《对体育工作的批示》，批示中指出："为庆祝建国十周年举行的第一次全国运动会，将推动我国体育运动进一步发展，对国际上也有很大意义，因此必须开好。"可见，中华人民共和国第一届运动会的召开不仅是对新中国十年来体育工作的一次检阅，更具有振奋民族精神、凝聚民族团结、在国际上展示国家形象的重要意义。

中华人民共和国第一届运动会于1959年9月13日至10月3日在北京举行。本届全运会的会徽由金色的跑道、金色的麦穗和夸张的红"1"字组成，麦穗代表建国十年的丰硕成果，而似乎要冲出跑道的"1"字恰似上升的"箭头"，象征着当时人们热火朝天建设新中国的激情。全国各省、市、自治区和解放军共10 658名运动员参加了此次比赛，运动员平均年龄21岁。第一届全运会设有足球、篮球、排球、乒乓球、网球、羽毛球、手球、棒球、女子垒球、举重、公路自行车、田径、体操、技巧运动、马球、游泳、水球、跳水、赛艇、武术、中国式摔跤、射箭、中国象棋、围棋、障碍赛马、赛马、射击、摩托车环行公路、摩托车越野、无线电收发报、航海模型、航海多项、滑翔、飞机跳伞、伞塔跳伞、航空模型共36项比赛项目；设有赛车场自行车、击剑、自由式摔跤、古典式摔跤、国际象棋、水上摩托艇共6项表演项目。由于时代背景，诸如无线电收发

报、飞机跳伞等军事训练项目的设置成了此次全运会的一大特色。

本届全运会共有7名运动员4次打破4项世界纪录，有664名运动员844次打破和新创106个单项全国纪录。在运动会闭幕式上，周恩来、邓小平等党和国家领导人出席，并首次为新中国成立十年来打破世界纪录和获得世界冠军的46名运动员颁发"体育运动荣誉奖章"。

中华人民共和国第一届运动会的胜利举行，不仅鼓舞了"大跃进"时期中国人民建设社会主义的信心和干劲，增强了民族自豪感，更向世界展示了中国体育的精神风貌。全运会的举办让"发展体育运动，增强人民体质"的口号深入人心，促进了各行各业的人参与体育运动，将体育融入生活，对增强人民体质、丰富人民生活起到了积极的作用。

（施瑞安）

参考文献：

［1］《青少年爱国主义教育读本》编委会.文化与体育［M］.北京：中国时代经济
　　　出版社，2009.

［2］池建.体育大国的崛起：新中国具有重大影响的体育大事［M］.北京：学习
　　　出版社，2012.

8　中国登山队成功登顶珠穆朗玛峰

珠穆朗玛峰是世界第一高峰，位于喜马拉雅山脉中段，其北坡在我国西藏自治区定日县境内，南坡在尼泊尔境内。1953年5月29日，新西兰登山者埃德蒙·希拉里作为英国登山队队员，与尼泊尔向导丹增·诺尔盖一起从珠穆朗玛峰南坡携手登顶，完成人类对世界最高峰珠穆朗玛峰的首登。但始终无人从中国境内的北坡成功登顶珠峰，英国登山队数次在北坡折戟，以至于他们得出结论：想从北坡登顶几乎是不可能的。

1955年8月1日，中华人民共和国与尼泊尔王国正式建立外交关系。1958年，中苏两国达成协议共同筹备登山计划。1959年，因中苏关系恶化，苏联退出登山计划。1960年，中尼两国就国界进行谈判，双方在珠穆朗玛峰的归属上存在着一定争议。时值西藏地区局势复杂，外界有声音叫嚣，尼泊尔人已从南侧登顶宣示主权，中国人却没有从北侧登顶，无法证明领土归属。在周恩来总理的支持下，中国珠穆朗玛峰登山队于1960年2月正式成立，并决定于当年春季单独从北坡攀登珠峰。

1960年3月19日，登山队在珠穆朗玛峰海拔5 120米处设立登山大本营，随后陆续开展了三次适应性攀登，在攀登过程中建立多个高山营地，为最后登顶做准备。然而，由于恶劣的气候因素，两名登山队员在攀登过程中牺牲，多名登山队员因严重冻伤只能退出攀登，攀登珠峰的计划一度面临终止。关键时刻，正在与尼泊尔谈判中尼国界的周恩来总理做出指示"一定要登上珠穆朗玛峰"。5月17日，以许竞、王富洲、贡布、刘连满4人为突击队员，以屈银华等10人为运输队员的登山队正式踏上挺进珠穆朗玛峰的征途。5月23日，登山队抵达了适应性攀登过程中建立在海拔8 500米处的突击营地，这是珠穆朗玛峰北坡上的最后一个营地。当晚，6 400米营地发出信号弹，表示"24日为好天气"。不料24日清晨，许竞因前期体力消耗严重退出攀登，运输队员屈银华临危受命担任突击队员，向珠穆朗玛峰发起最后的进军。连日来的行军令队员们体能消耗巨大，在海拔8 500米的高度，队员们只能缓慢前进。经过艰难跋涉，队员们来到了通往顶峰的最后难关"第二台阶"。这是一段约20米高的峭壁，其中一段高约4米的峭壁更是近乎垂直。在多次尝试攀登均失败后，刘连满想到了搭"人梯"的方法，并主动蹲下当"人梯"，让队友踩在自己的肩上打钢锥并进行攀爬。就这样，刘连满连续将屈银华、王富洲、贡布3人顶上岩壁，队友3人再协力将刘连满拉了上去。由不得片刻休息，4人继续前进，然而充当人梯支撑队友的刘连满由于过于疲劳接连摔倒。在海拔8 700米时刘连满难以继续坚持，队友只好将其安置在安全位置，等待队友登顶下撤时返回。此时天色渐暗，摸黑攀登是队员们面临的又一个考验，面临着生死考验的队员们没有丝毫退缩，带着祖国人民的期盼，3人顽强地向着顶峰一点一点地攀登。终于在1960年5月25日4时

20分，王富洲、屈银华、贡布3人历经艰难险阻，成功从北坡登上了世界最高峰珠穆朗玛峰，标志着中国人成功打破了珠峰北坡不可攀登的神话。

这是一支参加登山运动不足5年、平均年龄为24岁的登山队，创造了人类历史首次从北坡登顶珠峰的壮举，写下了人类登山历史全新的一页，向全世界人民展示了中国人自强不息、顽强拼搏、不屈不挠的民族精神。翌年《中尼边界条约》正式签署，两国历史上遗留的边界问题得以解决。

（施瑞安）

参考文献：

[1]《青少年爱国主义教育读本》编委会.文化与体育[M].北京：中国时代经济出版社，2009.

[2] 池建.体育大国的崛起：新中国具有重大影响的体育大事[M].北京：学习出版社，2012.

9 中国重返奥林匹克大家庭

1954年，在希腊雅典举行的国际奥委会第49届全会上，以23票对21票通过决议，承认"中华全国体育总会"为中国国家奥委会。但是，时任国际奥委会主席布伦戴奇却在未与任何人讨论的情况下，将中国台湾的体育组织以"中华民国"名义列入被国际奥委会承认的国家奥委会之中。已经屹立在世界东方的中国人，为了坚决抵制"两个中国"的阴谋，为了维护国家的神圣主权，1958年8月19日，中国奥林匹克委员会（中华全国体育总会）发表关于同国际奥林匹克委员会中断关系的声明。声明指出，国际奥林匹克委员会在少数人的操纵下，蓄意违反自己的宪章，图谋在体育界制造"两个中国"的局面。中国奥林匹克委员会严正声明不再承认国际奥林匹克委员会，并中断同它的一切关系。

中国奥委会被迫中断与国际奥委会的一切联系后，国际奥委会中的一些人士仍然为恢复中国的合法席位进行了不懈的努力。1978年12月18

日—22 日，党的十一届三中全会召开，中国开始实行对内改革、对外开放的政策，它是党的历史上具有深远意义的伟大转折。1979 年 10 月 25 日，国际奥委会执委会在日本名古屋市举行会议，会上一致通过了恢复中国在国际奥委会合法席位的决议。会议确认中华人民共和国奥委会为中国全国性奥委会；设在台北的奥委会将作为中国的一个地方性机构留在国际奥委会内，但不得使用它目前所使用的歌和旗。这项决议有待于国际奥委会全体委员以通讯表决的方式予以批准。

1979 年 11 月 26 日，国际奥委会领导人在瑞士洛桑国际委员会总部正式宣布，经过国际奥委会全体委员通讯表决，以 62 票赞成、17 票反对、1 票废票、1 票弃权批准了国际奥委会执委会在日本名古屋会议上通过的关于中国代表权问题的决议。这个具有划时代历史意义的"名古屋决议"主要内容包括：根据"一个中国"的原则，确认代表全中国奥林匹克运动的是中华人民共和国的奥委会，正式名称为"中国奥林匹克委员会"，会址北京，使用中华人民共和国的国旗和国歌；台湾地区的委员会，正式名称为"中国台北奥林匹克委员会"，会址台北，不得使用原来的旗、歌和徽，其新的会旗、会歌和会徽均须经国际奥委会执委会的批准。这就是闻名于世的"奥运模式"。

"奥运模式"的创立，使阻断我国体育与国际体育联系的闸门得以打开，坚冰得以融化，而"奥运模式"的最初方针是由邓小平同志亲自确定的，是邓小平同志"一国两制"创造性战略构想在体育领域中的生动体现。"奥运模式"的创立，为恢复我国在国际体育组织中的合法地位和解决台湾问题铺平了道路，使我国全面登上国际体坛，成为中国体育全面走向世界的新起点。

（孙伟榕）

参考文献：

[1] 崔乐泉，孙葆丽.奥林匹克运动与中国 [M].北京：大众文艺出版社，2000.

〔2〕戚学民，仇军.论北京奥运会对中国精神文明建设的影响〔J〕.体育科学，2008（6）.

10   学校体育发展的里程碑

1979年5月15日—22日，教育部、国家体委、卫生部、共青团中央在江苏扬州市联合召开了全国学校体育卫生工作经验交流会议，会议通知、会议纪要均由国务院发出，这是学校体育领域在新中国成立以来规模最大、范围最广，也是最重要的一次学校体育工作会议，这次会议又被称为"扬州会议"，人们将它赞誉为"新中国学校体育发展的里程碑"。这次会议的召开，对进一步贯彻党的十一届三中全会精神和党的教育方针，把学校的体育、卫生工作搞好，更好地培养德、智、体全面发展的人才，从而适应实现四个现代化的需要有着重要意义。

会议交流了做好学校体育、卫生工作的经验。卫生部副部长崔月犁、共青团中央书记处书记李海峰、国家体委副主任黄中同志分别讲话，大会还邀请了北京体育学院副院长徐英超教授、北京医学院卫生系系主任叶恭绍教授和北京体育学院体育理论教研室教师曲宗湖同志，分别作学术研究报告。会议代表分三路到扬州地区八个县、市的部分学校，参观了体育课教学、课间操、课外体育活动、军体表演、运动队训练和卫生工作，并分组讨论了《中小学体育工作暂行办法》。

"扬州会议"明确了坚持体育教学"增强学生体质"的根本任务，厘清了"健康第一"指导思想与"增强体质"观念的关系，并引发了加强学校体育监管力度的思考，推进"每天锻炼一小时"的发展。

"扬州会议"是我国学校体育发展史上具有里程碑意义的会议。这次会议在学校体育的思想、地位、组织管理等方面均为我国学校体育的发展树立了标杆，它开启了新时期我国学校体育发展的新篇章。当代学校体育的发展仍需要在"扬州会议"的精神指引下总结经验，继往开来。

（孔佳）

参考文献：

［1］ 全国学校体育卫生工作经验交流会议在扬州召开［J］.人民教育，1979
（6）.

［2］ 梁立启，邓星华."扬州会议"的回顾和对当前学校体育发展的启示［J］.体
育学刊，2014，21（5）.

11 中国在冬奥会的首次亮相

第13届冬季奥林匹克运动会于1980年2月13日—24日在美国纽约州普莱西德湖举办，在本届冬奥会中，中国代表团亮相。这也是新中国在国际奥委会获得合法席位，重返奥运后首次派代表团参加冬奥会，打开了我国参加国际体育活动的新局面。

本次冬奥会，中国体育代表团共派出来自吉林省、黑龙江省和解放军的6名教练员和28名男女运动员，共参加滑冰、滑雪、现代冬季两项（越野滑雪和射击）等18个单项的比赛。当时，我国冬季运动的整体水平并不高，参加本届冬奥会的主要任务就是让五星红旗重新飘扬在奥运赛场上。中国体育代表团的旗手由代表团里成绩最好的队员赵伟昌担任。本届冬奥会的开幕式在美国普莱西德湖赛马场临时搭建的可容纳3万人的体育场举行。到了各代表团入场环节，引导员举着写有"CHINA"字样的引导牌入场，赵伟昌高举五星红旗紧随其后，他的身后是体委副主任及其带领的代表团成员。开幕式露天举行，全团成员穿着蓝色棉服和白色棉靴。当中国代表团入场后，观众报以热烈的掌声，这是五星红旗第一次在冬奥会的开幕式上飘扬，赵伟昌作为旗手感到格外光荣，自始至终稳稳地高举着国旗。

1980年，我国参赛选手与世界先进水平相比差距较大，无一人进入各单项前六名，赵伟昌也仅获得了速度滑冰男子500米第31名、1 000米第24名和1 500米第25名。差距，巨大的差距，这是新中国运动员第一次登上冬奥会舞台获得的最刻骨铭心的感受。但新中国运动员的亮相，已经成为普莱西德湖和整个世界的重大新闻，关于中国代表团的报道成为美国

各大主流媒体的必争之举。到如今，我国冬奥健儿已经取得了13块冬奥金牌，在迈入体育强国门槛时，还需要铭记现在的成就是由无数人长期努力换来的。

对于改革开放初期的中国来说，能参加冬季奥运会不只意味着有机会与世界顶尖运动员进行较量，而且承载了对外展示和国际交流的希冀，对于整个中华民族的意义更是超越了强身健体这个最基本的目标。在体育运动中，人们可以感受到百折不挠、顽强拼搏、挑战极限、超越自我等诸多优良品质。因此，中国代表队参加首届冬奥会的意义在于向世界展示改革开放后一个不一样的中国。从1980年开始，中国冰雪运动的奥运之路历经风雨，一代又一代人在冰天雪地中流下热泪，书写豪情。伴随着改革开放、民族复兴的历史进程，中国冰雪运动站在了新的历史坐标上，迎来了新的机遇，肩负起新的使命。

（包莉萍）

参考文献：

[1] 国家体育总局官网：http://www.sport.gov.cn/n320/n370/c851208/content.html

[2] 吉林省体育局官网：http://tyj.jl.gov.cn/tydt/tywh/202004/t20200429_7188136.html

12　中国女排五连冠的辉煌

电影《我和我的祖国》"夺冠"单元主要讲述了中国女排在1984年洛杉矶奥运会上夺冠的故事。影片中有一个令人印象深刻的片段——一台黑白电视机前，男女老少都守候着这场焦点大战。只见电视中张蓉芳扣下最后一分，美国女排队员近乎绝望地跑向后场去救球，伴随着胜利的到来，中国女排姑娘们欣喜若狂，纷纷拥抱庆贺。场外观众欢呼雀跃，举国欢腾。一场比赛，弘扬了一个民族的自信，丰富了人民的精神内涵。这就是体育的力量！魏纪中在他的回忆录《我的体育生涯》中写道："在那个年代，再没有比女排酣畅淋漓的扣球更能让中国人感到扬眉吐气的了。"今天，让我们一起追忆这段辉煌的历史——20世纪80年代中国女排"五连冠"。

1981年11月，中国女排以亚洲冠军的身份参加在日本举行的第3届世界杯排球赛。女排姑娘们横扫巴西等五个强国，又以3比2艰难战胜人高马大的美国女排，最后迎战东道主日本女排。鼓足了劲的中国女排，一上场就显出了王者气势，人人使出浑身解数，干脆利落地连胜两局。眼看冠军即将到手，中国姑娘热泪奔淌，热血沸腾，怎么也抑制不住内心的狂喜。这时，战局却发生了惊天大逆转。日本队抓住中国队心情激动、精神分散的机会连扳两局。在全场观众震耳欲聋的呐喊助威声中，日本队简直打疯了，场上成了2比2平。一向胜败不露声色的袁伟民主教练也激动了，他知道，这时候用不着布置什么技战术，关键在于敲醒队员的头脑。他说："几亿人民的眼睛都在看着我们，祖国不允许我们输掉这场球！这场球拿不下来，你们会后悔一辈子！"袁伟民的话字字千钧，重重地砸在姑娘们的心上！第五局战幕一拉开，紧张激烈的气氛已达到白热化，双方比分交替上升13平、14平、15平……女排队员们互相鼓励，终于经受住了巨大的磨炼和考验，最终以17比15赢得了这场比赛的胜利。经过7轮28场激烈的比赛，中国队以7战全胜的成绩首次夺得世界杯赛冠军。这一冠来得太重要，因为它让"文革"后处于低潮期的国人，重新看到了拼搏的意义。从此以后，中国女排一发而不可收，包揽了国际排坛三大赛事的金牌，创造了"五连冠"的辉煌。

1982年第9届世界女子排球锦标赛。中国女排带着一场负分进入复赛，形势十分严峻。中国队以3比0轻取古巴，赢得了扭转战局的关键一役。此后中国女排又以3比0战胜苏联队，杀入四强。并最终在与东道主秘鲁队的冠亚军决战中以3比0完胜，获得本届锦标赛冠军。

1984年洛杉矶奥运会，中国队在小组赛以1比3输给东道主美国女排的情况下背水一战直面强敌。最终中国姑娘以3比0赢下决赛，实现了中国排球史上首次"三连冠"。1985年，再度夺得第4届世界杯女排赛冠军。1986年9月，在第10届世界女排锦标赛上，中国女排克服重重困难，以8战全胜的出色战绩蝉联冠军，成为世界排球史上第一支获得"五连冠"的队伍，这是属于那个年代最热血的回忆。

从1981年到1986的六年间，中国女排是当之无愧的全民女神！完美地诠释了顽强拼搏、团结奋斗、无私奉献、为国争光的"女排精神"，激励和鼓舞了一代又一代人。五星红旗一次次升起、国歌一次次奏响的场景让中华儿女热血沸腾。一时间，各行各业掀起了学习并发扬女排精神的热潮。"团结起来，振兴中华"的口号响彻神州大地，女排精神成为民族精神和时代精神的重要象征。虽然30多年已过去，但女排精神并不是尘封的记忆，它是鲜活的、是不断延续和传承的，它依然在感染、激励着我们不断奋发向上，追求卓越。

（包莉萍）

参考文献：

[1] 邓星寿.中国女排"五连冠"简史［J］.辽宁体育，1989（11）.
[2] 龚聪，胡雪蓉.回顾中国女排世锦赛征程，五连冠时代最辉煌［N］.人民日报，2014-10-13.

13　奥运金牌零的突破

许海峰射击夺金的意义并不局限在射击领域，1984年的洛杉矶奥运会，是1949年后中国第一次真正回归奥运大家庭，也是中国人历史上第一次获得奥运金牌，甚至还是当届奥运会的首金，三个第一，意义非凡！这是我国体育史上具有历史意义的突破，标志着中华体育事业新的飞跃。

1984年7月29日这一天，是载入史册的日子。洛杉矶普拉多射击场，是一个见证历史的地点。根据当时奥运会比赛日程的安排，将决出该届奥运会第一枚金牌，比赛项目是男子自选手枪慢射。当时中国代表队派出两名运动员参加了这项比赛，比赛非常激烈。当许海峰手枪里还剩最后十发子弹时，前三枪，竟然只打出6环、7环、8环的成绩，形势急转直下，变得对他极为不利，他又打出了四发子弹，但似乎还是没有找到感觉。许海峰静静地站在靶位上，一动不动，就剩最后三发子弹，但就是不见他举枪击发，一分钟、两分钟、三分钟，时间一点一点地溜走，距离比赛结束越来越近，但许海峰还是像一尊石像一样站在靶位上，没有一点举枪击发的意思，所有的人都开始着急了。当时中国队的教练和官员们悄悄聚集到了他的身后，手心里都捏着一把汗。14分钟过去了，只见许海峰慢慢抬起头，调整了一下呼吸，举起了手里的枪。9环！不错的成绩，看台上传出一阵轻微的骚动声。10环！在他身后的教练不自觉地抹了一下额头，他的心里非常清楚，瑞典的斯坎纳克尔和王义夫都已经打完了全部子弹，以565环和564环暂时排在第一和第二位。此时，许海峰的成绩是556环，也就是说，如果下面的一枪是10环，中国人将实现"零"的突破。第60枪，最后一枪，许多中国人甚至都紧张得不敢睁开眼睛。10环！这是让十亿中国人激动不已、欢呼雀跃、永远铭记的一个10环。中国代表团副团长黄中激动地跑上前去，紧紧地拥抱住他。许海峰的队友王义夫也获得了一块铜牌，但谁也没有料到的是，偏偏就是这块铜牌给洛杉矶奥运会的组委会出了一道难题。当时，组委会只在射击场上为中国队准备了一面国旗，没有人想到，会有两名中国选手同时获奖，组委会只好派专人火速飞奔总部再找一面五星红旗，导致颁奖的时间推迟了一个多小时。按照规定，国际奥委会主席要为每届奥运会产生的第一位冠军颁奖。萨马兰奇紧紧握着许海峰的手说："这是中国历史上伟大的一天！"1984年7月29日，在这一天，中国人实现了奥运会金牌零的突破，许海峰终于将中国人半个多世纪对奥运梦想的追逐变成现实。

时代的脚步总会留下属于自己的痕迹，当我们能够用平和的心态去欣赏每一位运动员的奋斗和付出、让运动回归到运动本身的时候，便更能领悟到"更快、更高、更强、更团结"奥运格言背后的奥运精神。

（蒋忠华）

参考文献：

[1] 王海珍.许海峰　勇夺奥运第一金［J］.中华儿女，2019（19）.

[2] 陈诚，陈昂.要打好枪　先做好人——记我国首位奥运冠军许海峰［J］.旗

帜，2019（3）.

14　学校办高水平运动队："体教结合"的新探索

为全面推动学生的全面发展，培养适应经济建设与社会发展的体育人才，1987年，原国家教委和原国家体委联合下文，在高校中试办高水平运动队。中国的"体教结合"之路由此出发，并获得显著的成果。"体教结合"是新的历史条件下加强学校体育工作、推动素质教育、促进青少年训练、为国家培养和造就高素质劳动者和优秀体育后备人才的一项新的重要举措，是整合体育、教育等资源而实施的人才培养战略的重要措施，体现了体育、教育事业最根本的培养目标，符合人才培养的内在要求。由高校办高水平运动队参与竞技体育发展，是我国高等教育领域和竞技体育领域具有重大意义的改革与实践。

中国田径男子短跑运动员、清华大学的"眼镜飞人"胡凯，可以说是"体教结合"的标志性人物。胡凯作为完全由教育系统自主培养的高水平运动员，以同样出色的运动成绩和学业水平，证明了"体"与"教"可以融合。胡凯从小到大都非常积极地报名参加学校运动会，可是，他的父母一心希望胡凯能够好好学习，把运动当作一种爱好，以后考上好大学，有一个非常稳定的工作，吃喝不愁就行了。但是在胡凯的心中还是对体育有极大的渴望，想成为田径明星。为了让父母减少顾虑，胡凯一直做到田径训练和学习两不误。但是，在2007年，为了更好地训练，备战奥运，胡凯只能暂时停止学业，一心一意投入到训练中去。在完成比赛后，胡凯决定重新回到清华大学，继续他未完成的学业。胡凯从清华大学毕业后，并没有离开清华，而是选择留校，继续为中国的体育事业做贡献。现在，作为一名曾经的国家田径队男子短跑运动员，胡凯已经完全淡出了大众的视线，但是他为中国田径队做出的贡献，将会在中国体坛永远流传下去。

"体教结合"不仅是竞技体育人才培养思想的改变与升华，也是学校体育功能的回归与完善。这些年来，我国的学校体育运动技术水平不断提高，同时也为国家发现和培养了诸多优秀的体育人才。回顾过去，展望未来，相信跟随着前人的步伐，定能将中国的学校体育教育事业推到更高的山峰！

（蒋忠华）

参考文献：

［1］ 马兆明.我国普通高校高水平运动队转轨改制研究［J］.沈阳体育学院学报，2016，35（1）.

［2］ 王凯珍，刘海元，刘平江，汪流.我国普通高等学校高水平运动队建设现状及发展对策［J］.首都体育学院学报，2011，23（2）.

［3］ 王凯珍，潘志琛，刘海元，郝亮.深化"体教结合"构建运动员文化教育新体系［J］.首都体育学院学报，2009，21（2）.

15 《国家体育锻炼标准》的颁布

改革开放后，随着国民经济的不断发展，人民生活水平的不断提高，中西方文化的不断交流，新的教育思想的不断涌入，"学校体育以增强学生体质为目的"的"体质教育论"逐渐形成，并成为20世纪80年代初至90年代中期学校体育工作的指导思想。在这样的历史背景下，《国家体育锻炼标准》应运而生。《国家体育锻炼标准》自1982年全面施行以来，打破了学校体育由体育职能部门统揽的格局，开创了一个由学校多方面参与的管理模式，改变了只以运动能力衡量学生体育素养的评价标准，建立了多目标、多方位考查学生体育素养的评价体系。在《国家体育锻炼标准》（1975—2002）的实施期间，我国把工作中心转移到社会主义现代化建设和实行改革开放的战略决策上来，学校的体育卫生工作也走上了健康发展的道路。这一时期，我国国民经济和各项事业都进入了良性发展的轨道。国民经济的快速增长使人民群众的生活水平得到了稳步的改善与提高。科学技术转化为生产力，使人们从事体力劳动的机会大大减少，电视机、VCD、计算机等的普及使学生原本就不多的余暇时间被静止的活动所占用，直接导致了身体运动的减少，体质健康水平的下降，"文明病"的滋生、发展和蔓延。[1974年，国家体委印发了"关于下达中华人民共和国《体育锻炼标准》条例（草案）的通知”，经过一年的试行，国务院于1975年4月11日印发了国务院批转国家体委“关于在全国施行《国家体育锻炼标准》的请示报告”。1977年12月，国务院批准颁发《国家体育锻炼标准》并先后于1956、1958、1975、1982、1988、1990年进行了6次修改，对于提高国民身体素质，加强学校体育工作起到了很大的促进作用。

实施《国家体育锻炼标准》的目的是：鼓励和推动人民群众，特别是青少年、儿童积极参加体育锻炼，以增强体质，提高运动技术水平，培养共产主义道德品质，更好地为社会主义现代化建设和保卫祖国服务。《国家体育锻炼标准》面向全体人群，分四个组进行测验，分别是儿童组，9—12岁，相当于小学3—6年级；少年乙组，13—15岁，相当于初中；少年甲组，16—18岁，相当于高中；成年组，19岁以上，相当于大学。其测试内容主要是对身体素质项目进行测验，共分五大类。它的推行对促进全社会关注学校体育，督促学生积极地参加体育锻炼，保证身体正常发育，增强体质都起到了重要的作用。

建国以来，党和国家一直关心和重视广大学生的身体健康，原国家教委、原国家体委等有关部门从鼓励和推动学生积极参加体育锻炼、增强学生体质的目的出发，在不同时期先后制定了“劳卫制”、《国家体育锻炼标准》《大学生体育合格标准》《中学生体育合格标准》《小学生体育合格标准》及初中毕业生升学体育考试办法等一系列制度，并于2002年开始在全国试行《学生体质健康标准》。这些制度的制定和实施，对于增强学生体质、促进学校体育工作具有积极作用。

（杨阳）

参考文献：

[1] 黄勇前.《国家体育锻炼标准》出台背景、实施情况研究［J］.体育文化导刊，2005，（5）.

[2] 赫忠慧.学校实施《国家学生体质健康标准》的实践［J］.体育教学，2007（3）.

[3] 于道中.关于修改《国家体育锻炼标准》的科学研究［J］.体育科学，1992（1）.

16　国际体育盛会在中国的首演

1983年，中国向亚洲奥林匹克理事会提出申办1990年亚运会的申请。1984年9月28日，在亚奥理事会代表大会中，北京以43比22的票数战胜日本广岛，赢得第11届亚运会的承办权。自1986年起，北京兴建20个新场馆，改善或修缮原有场馆13座，并在北京四环道外兴建奥林匹克中心和亚运村。由于北京不靠海，因此帆船项目移师秦皇岛举行。第11届亚运会于1990年9月22日至10月7日在北京举行，这是中国第一次成功举办综合性的国际体育大赛，来自亚奥理事会成员的37个国家和地区的体育代表团的6 578人参加了这届亚运会。中国派出636名运动员参加了全部27个项目和2个表演项目的比赛。中国台北代表队在时隔12年后，作为中国一个地区的代表队重返亚运大家庭。

北京亚运会会徽图案中除亚奥理事会会徽中的太阳光芒外，以雄伟的长城组成"A"字，代表在北京举行的亚洲运动会将成为联合亚洲各国人民的纽带。长城图案还构成"XI"字，表示本届亚运会是第11届。本届亚运会的吉祥物为中国的大熊猫，取名"盼盼"，寓意盼望和平、友谊，盼望迎来优异成绩。当年的火炬传递被称为"亚运之光"，这束亚运之光取自念青唐古拉山，圣火被采集之后，被分为四把主火炬，分别从中国的最西、最南、最东和最北点开始传递，最终汇聚于北京，最后由许海峰、高敏、张蓉芳同时点燃主火炬。

1990年9月22日下午，举世瞩目的第11届亚洲运动会在北京工人体育场隆重开幕。36个国家和地区的体育代表团的5 200名运动员参加27个比赛项目和2个表演项目的角逐，经过14天的激烈竞赛，亚洲各国运动员创下一连串辉煌的纪录。中国和亚洲其他各路健儿一起，刷新42项亚洲纪录和98项亚运纪录，打破4项世界纪录，超6项、平5项世界纪录，中国选手喜获大面积丰收，金牌和奖牌总数均居第一。第11届亚运会的闭幕式于1990年10月7日晚在北京工人体育场举行，中国近万名文艺工作者和青少年演出《今夜星光灿烂》，中央电视台向国内外转播了闭幕式实况。

参加本届盛会的各国运动员遵照"团结、友谊、进步"的宗旨，在赛场上充分体现了"重要的在于参与"的奥林匹克精神，第11届亚运会获圆满成功。

对于中国人来说，1990年北京亚运会是永久的记忆。这场赛事是中国自1978年改革开放以来，第一次举办的国际性体育赛事，这次盛会证明了改革开放伟大决策的正确性，是中国改革开放取得重大成就的一次综合展现。另一方面，借助筹办亚运会，北京的基础设施和城市规模得到迅速发展，使得北京进入世界知名城市行列。北京作为首都向全世界展现出中国改革开放实现的翻天覆地的变化。亚运会促进了亚洲国与国之间的联系，促进了亚洲体育水平和亚洲的团结精神。开展亚运会推动了我国经济的蓬勃发展，是对我国的经济实力、政治稳定、社会治安、经营管理、民众素质、技术水平、环境卫生以及体育竞争力的一次综合检阅。

（孙伟榕）

参考文献：

［1］王超然，张晓义.北京亚运会历史地位与大国历史征程的研究［J］.北京体育大学学报，2018，41（8）.

［2］李玉文.北京亚运会的历史贡献及其影响［J］.南京体育学院学报（自然科学版），2015，14（6）.

17 中国冬奥奖牌零的突破

1992年2月，我国速滑名将叶乔波在法国阿尔贝维尔第16届冬奥会上获得女子500米和1 000米速滑银牌。这2枚银牌，是自1980年中国队第一次参加冬奥会以来，五星红旗首次飘扬在冬奥赛场，实现了中国冬奥奖牌零的突破。

叶乔波，1964年6月3日出生于吉林省长春市，祖籍广西贺州，客家人，中国女子速滑运动员。叶乔波10岁进入长春市业余体校速滑班，12岁入选八一速滑队，凭借着向逆境挑战的勇气与自信，怀揣着冠军梦，叶乔波一直接受着严格和科学的训练，多年的艰苦训练，终于得到回报。1991

年，在世界短距离速度滑冰锦标赛500米比赛上，叶乔波赢得她冰雪生涯的第一枚金牌。同年3月，她在德国因策尔赢得了世界短距离速度滑冰锦标赛5个项目的5枚银牌。

1992年2月，已具备夺冠实力的叶乔波终于迎来她人生中的第一次冬奥会——第16届法国阿尔贝维尔冬奥会。当地时间2月10日15点30分，已经做好赛前准备的叶乔波突然被告知：比赛顺延一小时。为了这个顺延，一小时后，还得重新活动，而第一次活动所消耗的能量，足以使最后的成绩发生微妙的变化。一小时后，比赛终于开始了。随着发令枪响，叶乔波像旋风般冲出起跑线。100米滑过去了，一切正常，滑入弯道，叶乔波的身后留下了极漂亮的弧形切线。出弯道后，离胜利只有半步之遥了，然而，当她滑过外圈跑道，准备变道进入内弯道时，同组对手独联体的依莲娃却刚刚出内弯道，正欲进外跑道，于是，她俩在换道区相遇了。依莲娃在一瞬间挡住了叶乔波，至少影响了叶乔波0.2秒的成绩。比赛结果，叶乔波以40.51秒，获得女子500米速滑银牌。在3天后举行的1 000米速滑比赛中，叶乔波为中国再添一银。而这一次，她与冠军布莱尔仅仅只有0.02秒的微弱差距。这2枚银牌，实现了中国冬奥奖牌零的突破。

长期以来超负荷的艰苦训练给叶乔波带来成绩的同时，也带来了难以想象的伤痛。1993年8月4日，叶乔波躺在手术台上，她的膝关节髌骨已滑向左边，半月板、软骨支离破碎，侧幅韧带裂痕累累，混浊的血水中散落着多块游离体……叶乔波并没有被伤痛吓倒，在接受了一段时间的精心治疗后，伤情刚有好转，就先后赶赴6个国家参加了8场国际重大比赛。1994年2月，膝关节才动过大手术5个多月的叶乔波带伤参加了第17届冬奥会。她忍着剧烈的伤痛顽强拼搏，以1分20秒22获得女子速滑1 000米比赛铜牌，这是我国在该届冬奥会上获得的第一枚奖牌，也是叶乔波在其20年冰上生涯中获取的最为不易的一枚奖牌。冬奥会过后，叶乔波不得不再次接受手术，医生吃惊地发现她左膝盖的两侧韧带和髌骨早已断裂，腔内有8块游离的碎骨，骨骼的相交处呈锯齿状。

主刀的德国医生边做手术边摇头，惊叹不已地说："这么严重的伤势还能参加比赛并夺得奖牌真是不可思议。""带着冰刀出征，坐着轮椅回国"，"叶乔波精神"成了体坛神话。

叶乔波的冬奥会第一枚奖牌，开启了中国冰雪健儿在冬奥会历史上争金夺银的历程。叶乔波成为中国冬季项目获得冠军最多的选手，也使中国女子速滑运动跻身世界先进行列。1998年6月，中华人民共和国中央军事委员会发布命令，授予速滑名将叶乔波"体坛尖兵"荣誉称号。叶乔波这一体坛尖兵在运动场上顽强拼搏、永不言败的"尖刀精神"激励着我国一代又一代冰雪健儿。今天我们再次回首首获冬奥奖牌的那一刻，感受体育健儿为国奋斗的精神。

（冯立峰）

参考文献：

［1］本刊编辑部."体坛尖兵"叶乔波［J］.新长征，2018（12）.

［2］李文琪.坐着轮椅凯旋——记叶乔波［J］.人才开发，1994（10）.

18　中国首个体育频道开播

1995年1月1日，中央电视台体育频道（CCTV-5）正式开播。中央电视台体育频道是国内创办最早、规模最大、拥有世界众多顶级赛事国内独家报道权的专业体育频道。中央电视台体育频道以普及专业赛事和传播体育项目为目标，在节目传播过程中充分展现体育价值，至今已成为国内最具品牌力的电视体育频道。

在中国体育报道史上有许多值得我们铭记的第一次。1958年6月19日，北京电视台实况转播了八一男女篮球队和北京男女篮球队的表演赛，这是中国体育电视史上的第一次实况转播。1973年10月，北京电视台和湖北电视台合作，第一次利用微波干线把全国乒乓球锦标赛的信号传回北京，向全国进行实况直播。1980年，中央电视台成立了体育部。从此，国内、国际重大体育比赛的新闻报道大量增加。1984年后，我国的传媒技术飞速发展，给体育新闻带来了革命性的变化，体育新闻节目的发展不仅仅奠定了中央台在体育报道中的地位，更形成了固定的体育新闻报道模式，为首个自办专业体育频道的诞生提供了前提条件。

在经过了早期的发展后，中央电视台体育频道正式成立。1995年1月1日北京时间12点整，中央电视台体育频道作为中国第一个自办的体育频道如期播出。中央电视台体育频道设立之初，设置了48个栏目，并率先与国家体委（国家体育总局前身）有关部门签订了长期协议，辟出固定时间直播国内各项联赛和比赛；还采用制片人负责制，利用社会上的制作力量制作时效性不强的10个栏目，并通过亚太1A卫星向全国播出。11月30日，中央电视台开始对CCTV-5进行加密传输。随后几年里《体育新闻》《足球之夜》《世界体育报道》《天下足球》等栏目相继开播，并且开始转播奥运会等国际重大赛事。2008年1月1日，中央电视台体育频道正式更名为中央电视台奥运频道。

CCTV-5的成立开启了电视平台体育宣传的先河。体育频道让中国亿万观众与世界体育同行。节目内容广泛，涉及国内外重大赛事的现场直播、体育热点问题追踪报道、全民健身及娱乐、体育知识普及教育等。CCTV-5得益于央视的影响力，具有海量的观众群，是国民了解体育、关注体育的重要途径，也有效地普及了体育知识。

除了传播体育信息，体育频道还兼顾体育文化和精神的传递。通过电视媒体的推广，体育文化能够推陈出新、革故鼎新，获得更强大的生命力。通过专业的信息采集处理，记录下丰富的体育文化内容，并通过系统化的制作传递体育精神。让众多成年人和青少年儿童，通过节目或纪录片走进体育健儿的世界，感受体育健儿们为国争光的决心和顽强拼搏的精神。体育频道通过多元的体育资讯、实用的节目内容，为众多成年人和青少年提供了实用的体育锻炼知识。体育频道通过富有实用性和平民化的娱乐类节目，针对各个年龄段观众的健身方法进行科学探究，塑造了良好的健身氛围，提高了国民体育锻炼的兴趣。

（冯立峰）

参考文献：

[1] 赵化勇（主编）. 中央电视台发展史［M］.北京：中国广播电视出版社，
2008.

[2] 吴晓华.电视媒体如何展现体育价值——以CCTV-5为例［J］.新闻战线，
2017（9）.

19 《全民健身计划纲要》的制定

1993年4月，在全国体委主任会议上，《国家体委关于深化体育改革的意见》和《群众体育改革方案》两个重要文件正式提出，将制定和推行全民健身计划，作为深化体育改革的一项重大举措。

1993年5月至9月，在酝酿准备、设计构思阶段，相关部门邀请国家体委科研所、天津市体委等单位的专家、学者，就如何拟订"全民健身计划"的问题进行座谈，拟出的《全民健身计划基本框架的初步构思》得到了国家体委领导的原则批准。之后，根据党组的决定，将《全民健身计划纲要（征求意见稿）》交给部分省（区、市）体委和有关的中央部委征求意见。经过多轮修改，在1994年4月，伍绍祖主任就《全民健身计划纲要（讨论稿）》向中宣部、国家教委等全国几十家单位发了征求意见信，根据回函反馈，多次对讨论稿进行修订，最终形成《全民健身计划纲要（讨论稿）》，于当年7月29日正式呈报国务院；国务院于1995年6月20日正式批准和颁布了《全民健身计划纲要》，并于6月28日在北京人民大会堂举行隆重的动员大会，开始在全国组织实施该计划纲要。

《全民健身计划纲要》（以下简称《纲要》）以全国人民为实施对象，以青少年和儿童为重点人群。其奋斗目标是：努力实现体育与国民经济和社会事业的协调发展，全面提高中华民族的体质与健康水平，基本建成具有中国特色的全民健身体系。《纲要》的颁布实施，进一步推动了学校体育工作的开展，把我国全民健身事业推进到一个全新的历史阶段。《纲要》采取整体规划、逐步实施的方式，从1995年起到2010年分为两期工程：第一期工程自1995年至2000年，通过宣传、试点及全面开展实施，建立具有中国特色的全民健身体系基本框架；第二期工程自2001年至2010年，提高全民健身工作新水平，基本建成具有中国特色的全民健身体系。依据实现社会主义现代化建设第二步战略目标和建立社会主义市场经济体制的要求，积极发展全民健身事业，深化体育改革。其任务涉及：各级各类学校努力做好学校体育工作；机关和企事业单位；社区体育；农民的体质与健康水平；《军人体育锻炼标准》；少数民族体育；妇女和老年人的体质与健康问题；残疾人体育健身活动；积极为知识分子创造体育健身条件。

《纲要》把全民健身工作提高到一个新的水平，加快了我国深化体育改革的进程，为实现国民经济和社会事业的协调发展，全面提高中华民族的体质与健康水平提供了有力的保障，基本建成了具有中国特色的全民健身体系，促进了我国体育事业的发展。其对人民参与体育的权利有直接的促进作用，标志着我国全民健身水平和群众体育工作迈入了新的阶段。

（蔡祺颖）

参考文献：

[1]　苏丽敏.全民健身计划纲要［J］.中国学校体育，1995（6）.

[2]　李树怡，李荣日，王枝桂.《全民健身计划纲要》颁布10周年回顾与展望专家论坛（发言摘要）［J］.天津体育学院学报，2005（4）.

[3]　杨占明.《全民健身计划纲要》的宣传现状分析及对策的思考［J］.山东体育学院学报，1999（4）.

20　《中华人民共和国体育法》的颁布

20世纪60年代以来，世界各国掀起了体育立法的热潮。60年代日本颁布《体育运动振兴法》，70年代阿根廷颁布《发展和促进体育法》，法国颁布《发展体育运动法》。将体育管理纳入国家的法制系统，成为现代国际体育发展的一大趋势。我国改革开放政策的不断深入，改变了高度集权的体育体制，加速了我国体育社会化，确立了社会主义市场经济，带来了整个社会法治建设的加速发展，受此影响，体育也必然实现自身全面法制化。但当时无论是与体育事业的发展要求相比，还是与社会的整个法制进程相比，抑或是与教育、科技、文化、卫生等相关领域相比，我国体育法制建设仍然是体育工作中的一个薄弱环节。对此，广大体育工作者进行了强烈的呼吁，国家体育部门和立法机构也有深刻的感受，在依法治国、依法管理各项事业的同时，体育法治进程的相对落后给体育工作带来了很大的被动和不适应。特别是随着市场经济体制的逐步完善和体育改革的不断深化，这种不适应日趋明显。因而，抓紧制定新中国第一部体育法，就成为体育改革和体育事业发展所面临的一项非常紧迫的任务。正是在社会主义市场经济体制改革的深层推动下，才迎来了《中华人民共和国体育法》的诞生。

1995年8月29日上午9时，第八届全国人民代表大会常务委员会第十五次会议上全票表决通过《中华人民共和国体育法》（以下简称《体育法》），同年10月1日起施行。文件共八章，56条内容，涵盖总则、社会体育、学校体育、竞技体育、体育社会团体、保障条件、法律责任、附则八个内容。《体育法》阐明了国家发展体育事业的基本态度，确立了国家发展体育事业的任务和原则；规定了各级人民政府、行业、系统、机关、学校、企事业单位、社会团体在发展体育事业中的责任、权利和义务；突出了全民健身的基础地位和群众体育与竞技体育协调发展的思想；规定了体育资金、设施等各种保障条件以及违反《体育法》应当承担的法律责任。

2009年8月27日第十一届全国人民代表大会常务委员会第十次会议表决通过了《关于修改部分法律的决定》，对《体育法》进行第一次修正。2016年11月7日第十二届全国人民代表大会常务委员会第二十四次会议表决通过了《关于修改〈中华人民共和国对外贸易法〉等十二部法律的决定》，对《体育法》进行第二次修正。

《中华人民共和国体育法》的制定及实施，体现了党和国家对体育工作的高度重视和支持，顺应了体育现代化的要求，填补了当时国家在体育领域立法的一项空白，标志着中国体育事业从此走上了法治化的轨道，是中国体育发展史上的一个重要里程碑，它为人民从事体育锻炼提供了保障，为各级人民政府依法管理体育事业奠定了基础，对深化我国的体育改革和促进体育事业的发展产生了积极而深远的影响。

（蔡祺颖）

参考文献：

[1] 全国代表大会常务委员会.中华人民体育法［Z］.1995–10–01.

[2] 于善旭.论《中华人民共和国体育法》颁行的时代背景［J］.山东体育学院学报，1995（11）.

[3] 王犹升.走向体育强国之路［J］.人民政坛，1996（2）.

21　铿锵玫瑰华丽绽放

中国国家女子足球队成立于1984年，首任主教练为丛者余。2003年，自《风雨彩虹铿锵玫瑰》推出以来，这首歌便和女足牢牢地拴在了一起，每次比赛，现场都会有歌迷高唱这首歌为女足队员加油鼓劲。《风雨彩虹铿锵玫瑰》所表现出的中国女足的拼搏精神已经深入人心。

中国女足1986年首次参加亚洲杯并夺得冠军，自此开创了1986、1989、1991、1993、1995、1997、1999年女足亚洲杯七连冠的历史，参与亚洲杯赛事

十四次，获得冠军八次，亚军两次，季军三次。参赛亚运会八次，获得冠军三次，即1990、1994和1998年亚运会女足三连冠，亚军两次，季军一次。参赛女足世界杯八次，获得亚军一次，进入四强一次（不含前述亚军）。

1999年，在那个世纪之交的夏天，中国女足与世界杯冠军仅一步之遥；也正是从那时起，姑娘们有了自己的专属称号——"铿锵玫瑰"。1999年，中国女足继1996年亚特兰大奥运会夺得亚军后再夺亚军，这也是中国女足迄今为止在世界大赛上铸造的最后一次辉煌。小组赛中国队3战全胜，先是2比1胜瑞典，然后7比0大胜加纳，最后3比1击败澳大利亚，轻松出线。1/4决赛中，中国队2比0轻取俄罗斯，杀入四强。半决赛同卫冕冠军挪威队的较量，本该被认为势均力敌，但中国队却以5比0狂胜对手。孙雯和刘爱玲皆攻入两球。决赛再战亚特兰大奥运会决赛的老对手美国队时，中国队掌控了场上局面。双方鏖战90分钟后互交白卷。加时赛中范运杰高高跃起，头球冲顶成功。皮球越过球门之后，被对方球员顶了出来。裁判示意，没有进球，比赛继续。时隔多年，CNN通过技术还原，这个球已经完全越过了门线。可当时缺乏高科技手段，裁判只能通过肉眼判断。按照当时金球制胜规则，如果范运杰的进球有效，那么中国女足就将荣膺足球世界的最高荣誉。但生活往往比想象的更残酷。中美两队120分钟战成0比0。点球大战上演，结果中国队4比5惜败痛失冠军。这场比赛成为无数国人心中最刻骨铭心的一幕。

虽然中国女足迄今为止都没有得到世界冠军的头衔，但她们依旧是传奇。以孙雯、刘爱玲、王丽萍等人为代表的"铿锵玫瑰"成为女足拼搏精神的化身。那一串串承载着辉煌记忆的名字，深深植入一整代国人的脑海里。

中国女足是青少年学习的榜样，女足姑娘们在赛场上不惧困难，在身体对抗、体能消耗、客场作战、后勤保障等诸多不利因素下，能够扬长避短，发挥自身技术优势，咬牙坚持到底。中国女足的这种拼搏精神是青少年需要汲取的精神养料。面对实力强大的对手，失败并不可怕，可怕的是失去前进的梦想与动力。心中梦想不熄，伟大的目标就能实现。

（孔佳）

参考文献：

[1]　杨海兵.浅析中国女子足球运动发展史〔J〕.科学大众，2008（2）.

[2]　白金贵.称雄何必让须眉——记中国女子足球队的姑娘们〔J〕.体育博览，1987（3）.

22　北京成功申奥

2001年7月13日，时任国际奥委会主席的萨马兰奇，用并不标准的中文轻轻吐出"北京"二字时，距离莫斯科大约7 000公里外的神州大地上，瞬间响起了漫天春雷般的欢呼声。在那一刻，亿万中华儿女内心的自豪与狂喜被激起。

时间回到1908年，"奥运会"，对于中国来说，是一种新事物。当时，《天津青年》杂志发出了"奥运三问"：一是中国什么时候能够派运动员去参加奥运会？二是我们的运动员什么时候能够得到一块奥运金牌？三是我们的国家什么时候能够举办奥运会？

1932年7月30日，仅有6人临时组成的中国代表队第一次出现在奥运会开幕式上，刘长春作为唯一的参赛选手，手擎国旗走在最前面，是中国4亿人的唯一代表。1984年洛杉矶奥运会开赛的第一天，26岁的中国射击运动员许海峰，以566环的成绩，摘取了洛杉矶奥运会第一枚金牌。这是中国的第一枚奥运金牌，是"零的突破"。1991年2月，北京市向中国奥委会正式提出承办2000年奥运会的申请；1991年3月，经国务院批准，北京2000年奥运会申办委员会正式成立。1993年9月23日，在蒙特卡洛，北京以2票之差落败于澳大利亚的悉尼，北京与2000年奥运会举办权擦肩而过。第一次申奥失败后，北京没有急着申办2004年奥运会，而是吸取教训，完善自身。2000年6月19日，北京2008年奥运会申办委员会在洛桑向国际奥委会递交了申请报告。2001年7月13日，北京在国际奥委会第112次全会选定2008年奥运会主办城市的第二轮投票中，以过半数优势赢得了奥运会主办权。在这轮投票中，北京获得了56票，多伦多为22票，巴黎为18票，伊斯坦布尔为9票。

北京赢得奥运会主办权，完成百年夙愿。中国已经成为一个"魅力四射"的国度，无论是在国际交往的舞台上，还是全球化的经济空间里，无论是在体育竞技的赛场，还是在文化交流的戏台上，中国魅力始终散发着光彩，吸引着全世界的目光。一百年的时间，在人类历史上不过是白驹过隙，但中国却在这一个世纪里发生了翻天覆地的变化，东方巨龙腾飞在天。

（仇越峰）

参考文献：

[1] 池建.体育大国的崛起：新中国具有重大影响的体育大事〔M〕.北京：学习出版社，2012.

[2] 杨正泉.回忆北京申奥的日日夜夜〔J〕.对外大传播，2007（8）.

23　冬奥会金牌零的突破

中国队自1980年首次参加冬奥会以来，八次与金牌失之交臂，其痛与憾已在心中结下了厚厚的老茧，中国冰雪人从来没有如此急迫地想要实现冬奥会金牌"零"的突破。直到2002年2月16日，中国运动员杨扬在美国盐湖城举行的第19届冬奥会短道速滑女子500米决赛中一路领先，最终以44秒187的成绩问鼎冠军，实现了中国冬奥会金牌零的突破。

杨扬，一个让中国人引以为傲的名字。她从小就对滑冰有着与生俱来的天赋和喜爱。为了能使自己在冰场上驰骋飞扬，小小年纪的杨扬训练刻苦，毅力超人。黑龙江的冬天格外寒冷，零下30摄氏度的低温，围巾、帽子上都结满了冰霜。每天早上5点，天还没亮，杨扬准时来到冰上训练基地开始训练。成绩是苦练出来的，膝盖磕青了，脚崴了，手腕挫伤了，鼻子碰出血了，这些对于杨扬都是家常便饭！她从不叫苦，不喊累，不说痛！功夫不负有心人，很快杨扬取得了出色的运动成绩，并开始代表中国参加国际赛事。

2002年2月16日，在短道速滑女子500米决赛中，杨扬从第一道顺利出发，成功借助有利地形以非凡气势勇往直前，并且一骑绝尘，保持领先，最终如愿以偿，首个冲过终点线，为中国冬奥军团赢得冬奥历史第一金，成为载入史册的一笔。2002年2月23日，在速滑女子1 000米决赛中，杨扬与队友杨阳一同跻身决赛。两人利用出色的战术配合，杨扬在杨阳掩护下依然采用跟随战术，并且在最后7圈时突然发力，用了两个漂亮的穿越，成功抢占第一的领先位置，最终保住优势再夺一金。

我国实现了冬奥会金牌零的突破，全国人民为之欢欣鼓舞。这是中国冰雪队团结一致、艰苦奋斗、严格管理、科学训练的结果，也是我国几代冰雪健儿多年共同努力的结晶。中国冰雪队伍已经成为一支世界冰雪运动中不可忽视的力量。尽管有这样那样的问题，但有优越的体制和综合国力的提高，有来自政府和社会的大力支持，有雄厚的体育人才储备，我们有信心克服困难。许多项目的崛起充分说明，有中国特色的体育道路才是正确的道路。中国有信心在未来的冬奥会上冲入"第一集团"。随着中国冰雪队在世界舞台上获得更多骄人成绩，更多冰雪项目得到宣传和普及，青少年能够更加直观地感受到体育的魅力，这无疑会激发他们对体育的激情与梦想，从而去接触冰雪运动。随着冰雪运动的基础不断夯实，我国冰雪项目的成绩也将再攀高峰。

（仇越峰）

参考文献：

［1］王镜宇，江红.44秒铸辉煌——全程直击杨扬夺得我国首枚冬奥金牌［J］.少年科技博览，2002（4）.

［2］高进.冬奥会中国首枚金牌诞生前前后后［J］.中国体育，2002（4）.

24 青少年体质健康上升为国家战略

青少年时期是人生发展的一个重要阶段，从1985年开始，中国进行了首次全国学生体质健康调查。2006年8月19日"首届中国青少年体质健康论坛"出示了一组数据：学生肥胖率迅速增加，四分之一的城市男生是"胖墩"；眼睛近视的比例为初中生接近60%、高中生为76%、大学生高达83%。这些问题如不切实加以解决，将严重影响青少年的健康成长，乃至影响国家和民族的未来。增强青少年体质、促进青少年健康成长，是关系国家和民族未来的大事。2007年5月7日，中共中央国务院印发了《关于加强青少年体育增强青少年体质的意见》（以下简称《意见》）。

《意见》指出：全面实施《国家学生体质健康标准》，把健康素质作为评价学生全面健康发展的重要指标，全面组织实施初中毕业升学体育考试，并逐步加大体育成绩在学生综合素质评价和中考成绩中的分量；积极推行在高中阶段学校毕业学业考试中增加体育考试的做法；广泛开展"全国亿万学生阳光体育运动"，鼓励学生走向操场、走进大自然、走到阳光下，形成青少年体育锻炼的热潮；确保学生每天锻炼一小时，中小学要保质保量上好体育课，其中小学一至二年级每周4课时，小学三至六年级和初中每周3课时，高中每周2课时；没有体育课的当天，学校必须在下午课后组织学生进行一小时集体体育锻炼并将其列入教学计划；全面实行大课间体育活动制度，每天上午统一安排25至30分钟的大课间体育活动，认真组织学生做好广播体操、开展集体体育活动；努力营造重视青少年体育的舆论环境；大力宣传和普及科学的教育观、人才观、健康观，加大对群众性学生体育活动的宣传报道，形成鼓励青少年积极参加体育锻炼的社会氛围。

少年强则国强，广大青少年身心健康、体魄强健、意志坚强、充满活力，是一个民族旺盛生命力的体现，是社会文明进步的标志，是国家综合实力的重要组成。体育强国梦能使我们直观地感受国家的强大，而青少年群体是社会的未来，促进青少年参与体育锻炼，进一步树立"健康第一"的理念，让广大青少年享受体育乐趣，增强体质，健全人格，锤炼意志，激发奋斗激情，才能促使中国梦的进程不断向前推进。

（赵遐）

参考文献：

[1] 于红妍.中国学生体质测试的演进历程及阶段特征［J］.北京体育大学学报，

2014，37（10）．

[2] 西风.全国亿万青少年学生"阳光体育运动"全面启动 [J].体育博览（运动健康），2007（4）．

25　无与伦比的北京奥运会

2008年8月8日晚20时，举世瞩目的北京第29届夏季奥林匹克运动会开幕式在国家体育场（鸟巢）隆重举行，国际奥委会主席罗格称这是一场无与伦比的奥运会。从2001年成立北京奥组委，到2002年正式公布实施《北京奥运行动规划》，从会徽设计、场馆建设到志愿者招募、圣火传递的安排等等，这一切都展现了全国各族人民众志成城，万众一心，以最大的热情、尽最大的努力办好奥运的决心。

开幕式共有9万1千多名观众以及多国元首政要参加，典礼由张艺谋担任总导演，表演开场由2 008名工作人员打着会发光的缶，构成"中国"字样和开幕倒计时的阿拉伯数字。随后由永定门至主会场，沿北京城中轴线连续施放29个脚印造型的烟火，象征"第29届奥运会一步一步走进北京"。开幕式的文艺表演名为《美丽的奥林匹克》，分为上下两篇，上篇展示出中国古代四大发明、文字等中华历史文化，下篇展示中国改革开放以来的繁荣景象。本届运动会开幕式，9万多人在现场，中国地区11亿人、全球44亿人通过电视观看开幕式，本次奥运会创下了人类历史上节目收视率的最高纪录！英国、德国、日本、韩国等外国媒体纷纷对北京开幕式给予非常积极的评价，称这是艺术之美的杰作、中华文化的缩影。

2008年北京奥运会共创造43项新世界纪录及132项新奥运纪录，共有87个国家和地区在赛事中取得奖牌，中国以51枚金牌居金牌榜首位，是奥运历史上首个登上金牌榜首的亚洲国家。"北京奥运会是所有奥运会中最好的一届奥运会，在未来应该是很少人可以做到这种程度。这不光是我个人的看法，同时也是绝大部分媒体和国际奥委会的官员们的看法。"这是国际奥委会前主席萨马兰奇的评价。"北京奥运会将展示中国在过去数十年现代化和开放的成功之路上取得的成就。中国将继续在这条成功之路上走下去。我相信北京奥运会不仅是辉煌的体育事件，还是联系世界各族人民的节日。"这是德国前总理施罗德对北京奥运会的评价。

在此次奥运会中我国充分体现了奥林匹克精神实质和普遍价值观——团结、友谊、进步、和谐、参与和梦想。表达了北京人民、中国人民与世界各国人民共有美好家园，同享文明成果，携手共创未来的崇高理想；表达了一个拥有五千年文明，正在大步走向现代化的伟大民族致力于和平发展、社会和谐、人民幸福的坚定信念；表达了13亿中国人民为建立一个和平而美好的世界做出贡献的心声。

北京奥运会的成功举办是我们在实现中华民族伟大复兴征程上的又一次历史性跨越，也是我们沿着中国特色社会主义道路奋勇前进的又一个新的起跑线。它让世界从一场体育盛会，看到了一个国家发展开放的步伐，更看到了一个民族文明进步的历程。

（赵遐）

参考文献：

［1］池建.体育大国的崛起：新中国具有重大影响的体育大事［M］.北京：学习出版社，2012.

［2］《青少年爱国主义教育读本》编委会.文化与体育［M］.北京：中国时代经济出版社，2009.

26 "全民健身日"的设立

为了满足广大人民群众日益增长的体育需求，纪念北京奥运会成功举办，经国务院批准，从2009年起，每年8月8日为"全民健身日"。

国家体育总局原局长刘鹏表示，体育的根本目的是满足广大人民群众日益增长的强身健体需求。设立全民健身日，是适应人民群众体育的需求，促进全民健身运动开展的需要，是进一步发挥体育的综合功能和社会效应、丰富社会体育文化生活、促进人的全面发展的需要，是促进中国从体育大国向体育强国目标迈进的需要，也是对北京奥运会最好的纪念。

每年的"全民健身日"，中国大大小小的城市，都在以各种形式开展体育健身活动。而在特殊的2020年，从CBA（中国男子篮球职业联赛）到中超（中国足球协会超级联赛的简称），竞技体育正回归正轨，更重要的是，即便在这一特殊时期，全民健身也丝毫没有停下脚步。上海，一直致力于打造体育城市，自然在全民健身中勇立潮头。在这一天，上海市各区在严格落实各项防疫措施的前提下，组织安排了近400场"全民健身日"主题活动，丰富国民的精神文化生活，用运动收获更强免疫力。"全民健身"已经从一句口号变成了一种时尚生活方式。

"全民健身日"充分体现了党和国家对全民健身事业的高度重视和关怀，是党和政府坚持以人为本、重视提高全民族健康素质的重要举措，是北京奥运会推动体育发展社会化、全民化的重要成果。"全民健身日"的确立将健康向上的大众体育精神传达给公众，推广了健康生活的理念。它是一个标杆，是一个推动力，推进全民健身长效化、机制化，推动中国从体育大国向体育强国的目标迈进。"全民健身日"的宣传和带动，有助于健身成为人们生活的一部分，使人民群众真正享受到体育带来的健康和快乐，让体育在人的全面发展与和谐社会构建中发挥更加积极的作用。

（张杰）

参考文献：

[1] 彭波，赵晓玲.全民健身日研究［J］.体育文化导刊，2010（5）.

[2] 张建辉，王晓雪，王朝军，等.我国"全民健身日"的社会学分析［J］.浙江体育科学，2009（6）.

27　青奥会在南京举办

2010年2月10日，国际奥委会在加拿大温哥华召开第122次全会，投票选出南京作为2014年第2届夏季青年奥林匹克运动会的承办城市。2014年南京青年奥林匹克运动

会，又称南京青奥会，于2014年8月16日20时在中国南京开幕。南京青奥会是继北京奥运会后中国的又一个重大奥运赛事，是中国首次举办的青奥会，也是中国第二次举办的奥运赛事。青奥会的举办使得南京成为我国继北京之后第二座接待过200多个国家和地区的城市。当每个人都沉浸在开幕式的盛大精彩之时，殊不知其预算经费仅仅只是北京奥运会的十分之一。

青奥会开幕式从一开始就主张节俭而盛大，究竟是如何做到这一要求的呢？首先是控制演出时间。包括入场、表演、点燃圣火等环节在内控制在90分钟。其次在演职人员身上减成本。4 000多名演职人员，九成以上是青少年志愿者，他们的无私付出，控制了开幕式的支出。这些看似不起眼的细节，造就了既省钱又精彩的青奥会。此外，青奥会入场式的大胆改革，大大节约时间减除冗余，充分体现了本届青奥会节俭办奥运的宗旨，受到了年轻运动员的欢迎。节俭办赛事，如今已成为中国承办各项赛事的特点。青奥会的省钱"妙招"，是节俭办体育的典范，值得学习和借鉴。节俭更精彩，不仅是青奥会的目标，还应成为中国承办各项赛事的风向标。

南京青奥会的核心价值所在，是除了竞技体育以外的文化教育本源。和奥运会不同的是，本次青奥会将体育文化教育放在突出位置，除了竞技体育以外，同时传播奥林匹克精神，推动青少年的健康成长，使广大的青少年更加了解体育和体育的本源，更加了解奥林匹克精神。"简约而精彩"的青奥会，不仅仅是公共财政的精彩，更是中国精神、奥运精神的精彩：改革开放以来的中国越来越务实，越来越理性，越来越清醒，越来越节俭和睿智，"节约简约不简单、精简精炼又精彩"，这才是中国名片、中国精神最为骄傲的亮点和魅力所在！

（张杰）

参考文献：

[1] 王振宇.南京青奥会"节俭"理念解析［J］.南京体育学院学报（自然科学版），2013，12（5）.

［2］王凯.耦合性：探究南京承办2014年"青奥会"的成功之道［J］.南京体育
　　学院学报（社会科学版），2010，24（1）.

28　"全民健身"成为国家战略

2014年10月20日，国务院发布《关于加快发展体育产业促进体育消费的若干意见》〔2014〕46号文（以下简称《意见》），把全民健身上升为国家战略，把增强人民体质、提高健康水平作为根本目标，积极部署扩大体育产品和服务供给，推动体育产业成为经济转型升级的重要力量，促进群众体育与竞技体育全面发展，加快体育强国建设，不断满足人民群众日益增长的体育需求。

《意见》明确了六方面的任务，亮点很多。如：一、以足球、篮球、排球三大球为切入点，加快发展普及性广、关注度高、市场空间大的集体项目，对发展相对滞后的足球项目制定中长期发展规划和场地设施建设规划，大力推广校园足球和社会足球。二、加强体育运动指导，推广"运动处方"，发挥体育锻炼在疾病防治以及健康促进等方面的积极作用。三、各地构筑起全民健身遍布城乡的"毛细血管"系统，打通服务群众健身的"最后一公里"，构筑生活中的"15分钟健身圈"，努力实现人人要健身、天天想健身、身边能健身、科学来健身，引领健康中国的前行脚步。四、大力支持发展健身跑、健步走、自行车、登山攀岩等群众喜闻乐见的健身休闲项目，鼓励地方发展特色体育产业，大力推广武术、龙舟、舞龙舞狮等传统体育项目，扶持少数民族传统体育项目发展。五、实行工间、课间健身制度，切实保障中小学体育课课时，鼓励实施学生课外体育活动计划，促进青少年培养体育爱好，掌握一项以上体育运动技能，确保学生校内每天体育活动时间不少于一小时。六、积极推动各级各类公共体育设施免费或低收费开放，并采取有力措施加强安全保障，加快推动学校体育场馆向社会开放等。

实施全民健身国家战略是实现全面建成小康社会目标的必然要求，是实现人民群众对幸福美好生活追求的重大举措，是推进供给侧结构性改革的重要方面。中国人民正在为实现中华民族伟大复兴的中国梦不懈奋斗。展望未来，国家的富强、民族的兴旺、人民的幸福，将注入更多的体育强劲力量。

（蔡晨）

参考文献：

[1] 周学荣，吴明.全民健身上升为国家战略的时代背景及价值［J］.体育学刊，2017，24（2）.

[2] 国务院办公厅.关于加快发展体育产业促进体育消费的若干意见（国发〔2014〕46号）［Z〕.2014-10-20.

29　"校园足球"助力学生健康发展

2015年，习近平总书记主持召开第十次深化改革会议，审议并通过了《中国足球改革总体方案》（以下简称《方案》），这一纲领性文件的出台推进了校园足球的发展，在顶层设计、制度安排方面做了全面部署。

《方案》以帮助学生在足球运动中"享受乐趣、增强体质、健全人格、锤炼意志"为目标，要求发挥足球育人功能、推进校园足球普及、促进文化学习与足球技能共同发展、促进青少年足球人才规模化成长、扩充师资队伍。

首先，坚持面向人人、男女均衡，充分发挥校园足球育人功能，培养学生集体主义、爱国主义精神和顽强拼搏的意志品质，让学生在足球运动中学会尊重、学会合作、学会助人、学会自律。各地中小学把足球列入体育课教学内容，加大学时比重，以扶持特色带动普及，对基础较好、积极性较高的中小学重点扶持。此外，加强足球特长生文化课教学管理，完善考试招生政策，激励学生长期积极参加足球学习和训练。允许足球特长生在升学录取时在一定范围内合理流动，获得良好的特长发展环境。大中小学校园足球队的成立，也逐步完善了常态化、纵横贯通的大学、高中、初中、小学四级足球竞赛体系，促进青少年足球人才规模化成长。高水平的足球教练员也是不可或缺的，除了通过培训现有专、兼职足球教师和招录等多种方式，提高教练教学水平外，还鼓励引进海外高水平足球教练，用先进的理念和前沿的技术指导青少年，打造多元的训练模式。

几年来，校园足球在坚持"教学是基础，竞赛是关键，体制机制是保障，育人是根本"的发展思路下，扎实做到扩大分母抓普及、做强分子抓竞赛、师资队伍抓培训、提高质量抓标准等，使得校园足球沿着正确的轨道健康发展。目前，全国各级各类学校共有校园足球场地120 960块，2015—2018年共新建改扩建32 432块。截至2019年底，教育部已在全国38万所中小学中遴选认定校园足球特色学校27 059所，设立校园足球改革试验区38个，遴选校园足球试点县（区）160个。制定全国校园足球特色学校基本标准，面向近2 000万在校生每周开设1节足球课、组织课余训练和校内联赛。

校园足球工作是一项事关教育改革发展和体育改革发展的重要任务，党中央、国务院高度重视青少年校园足球改革发展。校园足球还是立德树人的使命所在，牢固树立"健康第一"的教育理念，始终以立德树人为根本宗旨，以培养健全人格为根本任务，在增强学生体质的同时，培养他们爱国主义、集体主义、顽强拼搏的精神，通过校园足球培养一批批全面发展的社会主义接班人。

（蔡晨）

参考文献：

[1] 教育部等七部门关于印发《全国青少年校园足球八大体系建设行动计划》的通知[J].校园足球，2020（9）.

[2] 金杰，张闻.浅析我国校园足球运动开展价值与动向[J].体育风尚，2020（7）.

30　北京冬奥会申办成功

2015年7月31日，在马来西亚吉隆坡举行的国际奥委会第128次全会上，国际奥委会主席巴赫宣布：中国北京获得2022年第24届冬季奥林匹克运动会举办权。北京创造历史，成为全球首个荣获过冬、夏两季奥运会举办权的城市。

国家主席习近平致信国际奥林匹克委员会主席托马斯·巴赫，代表中国政府和中国人民感谢国际奥委会的信任与支持，表示将兑现全部承诺，为奥林匹克冬季运动发展和奥林匹克精神传播做出新的贡献。国际奥委会再次垂青北京，既显示了对中国经济稳步发展、社会持续进步的信心，也是对北京举办的2008年夏季奥运会的又一次高度肯定。中国由此成为第9个既举办夏季奥运会也举办冬季奥运会的国家。

北京冬奥会申办成功，对中国冰雪运动的发展有着巨大意义。为大力发展群众冰雪运动，推动冬季群众体育运动开展，夯实冬季运动群众基础，传播积极健康的生活方式，引领全民健身新时尚，实现"带动三亿人参与冰雪运动"的目标，体育总局等23部门联合制定了《群众冬季运动推广普及计划（2016—2020年）》。青少年是普及冰雪运动的重点人群。纲要关于这一点的具体工作措施包括三个方面：一是推进冰雪运动进校园，研究制定《冰雪运动进校园活动指南》，支持"冰雪运动特色学校"建设；二是组织青少年冰雪赛事，推动赛事社会化，开展青少年俱乐部联赛，建立健全U系列赛事体系，组织全国冬夏两季青少年冰雪赛事；三是加强青少年冰雪运动后备人才培养，制定培养计划，引导学校、企业、社会体育组织共同参与，形成多元化培养模式。

北京冬奥会，将在2022年中国的传统节日春节期间，在万里长城脚下，用"纯洁的冰雪"，邀约全世界的朋友们共赴一场"激情的约会"。

（陈天宇）

参考文献：

[1] 石秀廷，孙亮亮.从十九大报告看办好北京冬奥会的使命担当与筹办策略 [J].南京体育学院学报（社会科学版），2017，31（5）.

[2] 张晓会.北京成功申办2022年冬奥会对建设体育强国的影响[J].宿州学院 学报，2015，30（11）.

31　"健康中国"战略的颁布

2016年8月19日至20日，全国卫生与健康大会在北京举行，习近平总书记在会上提出"要把人民健康放在优先发展的战略地位"，顺应民众关切，对"健康中国"建设作出全面部署，"切实解决影响人民群众健康的突出环境问题""推动全民健身和全民健康深度融合""加强食品安全监管""努力减少公共安全事件对人民生命健康的威胁""为老年人提供连续的健康管理服务和医疗服务"等要求，明确了环保、体育、食品安全、公共安全、民政养老等部门须"守土有责"，也契合了"把以治病为中心转变为以人民健康为中心"的新主旨。

2017年10月18日，习近平总书记在十九大报告中提出"健康中国"的发展战略。人民健康是民族昌盛和国家富强的重要标志，要完善国民健康政策，为人民群众提供全方位、全周期健康服务。它基于人民对美好生活的需求，旨在全面提高人民健康水平、促进人民健康发展，为新时代建设健康中国明确了具体的落实方案。建设健康中国的根本目的是提高全体人民的健康水平，人民健康也是社会主义现代化强国的重要指标。

党的十九大报告指出，中国特色社会主义新时代，社会主要矛盾已经转化为"人民对美好生活的需要同不平衡不充分的发展之间的矛盾"，健康是美好生活最基本的条件，因此要"把人民健康放在优先发展的战略地位"，整合健康资源、健康产业，建设人人共建共享的健康中国。习近平总书记指出："健康是促进人的全面发展的必然要求，是经济社会发展的基础条件，是民族昌盛和国家富强的重要标志，也是广大人民群众的共同追求。我们党从成立起就把保障人民健康同争取民族独立、人民解放的事业紧紧联系在一起。"

改革开放以来，中国人均预期寿命从1981年的67.9岁提高到2016年的76.5岁，孕产妇死亡率从1990年的88.9/10万下降到2016年的19.9/10万，婴儿死亡率从1981年的34.7‰下降到2016年的7.5‰，居民的主要健康指标总体上优于中高收入国家平均水平，提前实现联合国千年发展目标。这些进步离现代化发展的基本要求还有一定距离，因此，"健康中国"战略颁布，在新时代努力实现全面建成小康社会目标的过程中，对进一步重视人民健康保障工作具有重大意义。

（陈天宇）

参考文献：

［1］万炳军，史岩，曾肖肖."健康中国"视域下体育的价值定位、历史使命及其实现路径——基于习近平治国理政的思想与战略［J］.北京体育大学学报，2017，40（11）.

［2］肖月，赵琨，薛明，李雨钊，戴明锋，蔡玥，史黎炜，邱英鹏."健康中国2030"综合目标及指标体系研究［J］.卫生经济研究，2017（4）.

［3］勾凤云."健康中国"战略目标实施策略研究［J］.体育文化导刊，2017（1）.

32　体育强国战略的颁布

近年来，我国的体育事业取得长足发展：体育改革全面深化，体育公共服务水平不断提升，全民健身蓬勃发展，竞技体育成绩显著，体育产业日益壮大。然而，与建设世界体育强国的要求相比，我国体育发展不平衡、不充分的问题依然突出，如地域间、城乡间、行业间、人群间体育发展不平衡，全民健身、竞技体育、体育产业发展不协调，全民健身公共服务体系不健全等问题仍然存在，一定程度上影响了我国体育强国的建设。面对新形势、新要求，制定出台反映群众意愿、符合当前实际、适应发展需要，具有战略性、前瞻性、操作性的政策文件尤为紧迫和必要。

党的十九大报告提出"加快推进体育强国建设"，习近平总书记明确要求要"精心谋划，狠抓落实，不断开创我国体育事业发展新局面，加快把我国建设成为体育强国"。加快推进体育强国建设，既是贯彻落实习总书记重要指示和党的十九大精神的体现，也是顺应世界体育发展大势、促进体育全面高质量发展、更好地发挥体育在促进国民经济和社会发展中独特作用的需要。

2019年9月，国务院办公厅印发《体育强国建设纲要》（以下简称《纲要》），部署推动体育强国建设，充分发挥体育在建设社会主义现代化强国新征程中的重要作用。

《纲要》将体育强国建设全面融入我国经济社会发展总体格局，用三个阶段的总目标和全民健身、青少年体育、竞技体育、体育产业、体育文化、体育对外交往等六个维度的具体目标，全面描绘了体育强国的轮廓。

一是到2020年，建立与全面建成小康社会相适应的体育发展新机制，体育领域创新发展取得新成果，全民族身体素养和健康水平持续提高，公共体育服务体系初步建立，竞技体育综合实力进一步增强，体育产业在实现高质量发展上取得新进展。

二是到2035年，形成政府主导有力、社会规范有序、市场充满活力、人民积极参与、社会组织健康发展、公共服务完善、与基本实现现代化相适应的体育发展新格局，体育治理体系和治理能力实现现代化。尤其提出到2035年，体育产业成为国民经济支柱性产业。

三是到2050年，全面建成社会主义现代化体育强国。人民身体素养和健康水平、体育综合实力和国际影响力居于世界前列，体育成为中华民族伟大复兴的一个标志性事业。

体育强国建设是实现"两个一百年"奋斗目标大格局中不可分割的一部分。《纲要》从国家层面明确了什么是体育强国以及具体目标和相关政策，《纲要》的出台是随着中国经济社会发展达到了目前阶段应运而生的，因此能完美融入国家"五位一体"总体布局和"四个全面"战略布局以及社会经济发展的大局之中，融入实现中华民族伟大复兴的中国梦之中。体育发展建设不仅为我们描绘了一幅体育强国的美好蓝图，更将成为建设社会主义现代化强国的强劲动力。

（孔佳）

参考文献：

［1］梁立启，邓星华，栗霞.话语权：全球化时代中国体育的诉求［J］.北京体育大学学报，2014，37（11）.

［2］刘一民，赵溢洋，刘翔.关于体育强国战略若干问题的思考［J］.中国体育科技，2010，46（1）.

［3］鲍明晓.体育大国向体育强国迈进的战略研究［J］.南京体育学院学报（社会科学版），2009，23（6）.

33　体教融合促进青少年健康发展

早在20世纪80年代，体育界就率先提出"体教结合"。其根本目的是解决体育系统当时遇到的难题，促进体育事业的持续发展。而教育部门执行"体教结合"是为了解决运动员的学习和训练之间的矛盾。"体教结合"是新的历史条件下加强学校体育工作、推动素质教育、促进青少年训练、为国家培养和造就高素质劳动者和优秀体育后备人才的一项新的重要举措，是整合体育、教育等资源而实施的人才培养战略的重要措施，体现了体育、教育事业最根本的培养目标，符合人才培养的内在要求。

新时代提出的"体教融合"立足于促进青少年身心健康发展，旨在加强学校体育工作。与之前的"体教结合"有着不同的着眼点与侧重点。以往的"体教结合"主要指竞技体育后备人才的培养，而这次中央提出"体教融合"，主要指青少年学生的体育锻炼。

我国青少年体质20多年来持续下滑，每年进行的大学生体质测试对于许多学生来说也是难如登天，男生引体向上一个也拉不起来成了家常便饭，800米、1 000米跑更让不少学生闻风丧胆。基于这种情况，我国相继出台了一系列文件，并在2019年的高校自主招生，以及2020年的"强基计划"中都提出要在高校招生过程中进行体育测试。

2020年4月21日上午，正在陕西考察的习近平总书记来到安康市平利县老县镇考察调研，在镇中心小学，习近平总书记走进了五年级一班的课堂，亲切询问孩子们的学习和生活情况，他说："现在孩子普遍眼镜化，这是我的隐忧。还有身体的健康程度，由于体育锻炼少，有所下降。文明其精神，野蛮其体魄，我说的'野蛮其体魄'就是强身健体。"

2020年4月27日，中共中央总书记、国家主席、中央军委主席、中央全面深化改革委员会主任习近平，主持召开中央全面深化改革委员会第十三次会议并发表重要讲话。会议审议通过了包括《关于深化体教融合促进青少年健康发展的意见》在内的多项重要文件。会议指出，深化体教融合促进青少年健康发展，要树立"健康第一"的教育理念，推动青少年文化学习和体育锻炼协调发展，加强学校体育工作，完善青少年体育赛事体系，帮助学生在体育锻炼中享受乐趣、增强体质、健全人格、锻炼意志，培养德智体美劳全面发展的社会主义建设者和接班人。

青少年是国家的未来和民族的希望，青少年身心健康、体魄强健、意志坚强、充满活力，是一个民族旺盛生命力的体现，也是社会文明进步的标志。强化体育教育是实施素质教育、促进学生全面发展的重要途径，对于促进教育现代化、建设健康中国和体育强国，实现中华民族伟大复兴的中国梦具有重要意义。中央全面深化改革委员会审议通过《关于深化体教融合促进青少年健康发展的意见》，这将是体育教育深化改革的破局之举，也是体育教育深度融合的顶层设计。

（孙伟榕）

参考文献：

[1] 王登峰.新时代体教融合的目标与学校体育的改革方向［J］.上海体育学院学报，2020，44（10）.

[2] 钟秉枢.问题与展望：体教融合促进青少年健康发展［J］.上海体育学院学报，2020，44（10）.

第四部分
实践育人篇

1 不该丢失的自信

在六年级的前滚翻练习中，小A同学经常偷偷排到队尾，逃避练习。我本以为他是怕累，在体育课上偷懒，但是他平时是一位很老实、遵守纪律、从不偷奸耍滑的学生，为什么会选择逃避练习呢？我甚是疑惑，"是对老师不满意，对练习方式不满意，还是对运动没兴趣？"为了找出原因，我先问了班上的体育委员，体育委员告诉我说："他是怕自己做不好被同学嘲笑，所以不敢去展示自己。班级里经常有因为回答不出问题而课后被同学嘲笑的现象。"在得到小A同学对这一回答的确认后，我认识到了事情的严重性：让一个学生失去表达和展示自我的机会是对学生多么大的伤害啊！于是我鼓励小A同学大胆去展示自己，并且让所有同学停下来看他的展示。他带着老师给的信任和勇气走向了垫子，但是由于紧张动作没有完成，这时周围的学生哄堂大笑，有的还说着一些不礼貌的话。我见他低着头，红着脸又躲在了队伍后面。

也许小A在心里会记恨老师又一次让他在同学面前丢丑了，严重伤害了他的自尊心和自信心。但是我需要做的：一是让他重拾不该丢失的自信和敢于展示自我的勇气；二是提升班级凝聚力，让学生懂得互相尊重、互相鼓励、共同进步，建立和谐的班风。反思之后，我采取了以下行动。

第一步——组织团队竞赛，培养学生的团队意识

体育课中经常组织团体竞赛项目，比如接力赛、跳长绳比赛、跳短绳团体赛等。我将班级分成几个小组，把有项目特长的学生和项目弱势的

学生组成一组，通过互帮互助去争取比赛的胜利。由此增加了同学之间的交流互动、增进了同学之间的感情，培养了同学们的团队意识，提高了团队凝聚力。

第二步——引用"中国女排精神"的实例，教育学生互敬互爱

把中国女排的经典赛事及视频制作成多媒体课件给学生讲授，让学生更直观地感受到女排队员的凝聚力和拼搏向上的精神，让同学们更直观地看到在队员表现不佳或输球的时候同伴之间的相互安慰、鼓励和信任，直到取得最后的胜利。通过实例教学，告诉学生，同学之间需要相互尊重、鼓励，才能形成强大的班集体，才能取得更好的进步。同时告诫学生在以后的体育学习中要学会尊重对手、尊重同学，共同进步。

第三步——创设同学间协作与帮助的学练方式，增进同学感情

在课堂的练习中，通过同学之间的协作、保护与帮助，能够更好地培养学生之间的感情、体验合作成功后的快乐，也让学生懂得很多事情单靠一个人无法完成的道理，培养同学之间的合作意识，增进同学之间的理解和信任。

第四步——搭建展示自我的平台，提升自信心

经过一段时间的教学，了解到每个学生的状况及优势项目后，结合教学内容经常给学生提供展示自己的平台和机会，以提升自我展示的信心。一直因怕被嘲笑而不敢展示自我的小A同学擅长跳短绳，我就让他在同学面前示范和展示。刚开始他还有点紧张，总是失误不断，可是同学们爆发出的不再是嘲笑声，而是热烈的掌声、加油声和鼓励声。在同学们的鼓励下，小A同学跳得越来越好，也获得了同学们的认可。

最后，学生们的集体观念增强了，班级凝聚力提升了，和谐的班风也形成了。同学之间少了些嘲笑和恶作剧，多了一份互相尊重与团结协作。小A同学也变了许多，放下了思想包袱，敢于自信地表达和展示自我，并能够积极参与各项体育活动。我忽然发现，学生们都成长了，长大了，同时，课堂育人的目的也达到了。

（陈加峰）

2　弃赛风波

近年来愈演愈烈的周末争夺战让学生和家长们苦不堪言。一方面，在"双减"政策出台前，利用周末的时间去参加课外文化课补习的学生非常多；另一方面，随着全社会健康意识的增强，家长和学生们也希望可以利用周末的时间多运动运动、放松一下心情。为了不影响学生的正常学习，由上海市教委举办的比赛一般都安排在周末或放假时间。是让学生在周末学习文化课知识，还是鼓励学生去参加体育比赛？这成了学校体育老师们每个周末的必选题。

期中考试前的周末，按照校园足球联盟的竞赛规程，是A校和B校间的一场常规赛。由于临近期中考试，当天A校许多队员在出发前向老师请假，导致那场比赛因A校出场人数不足被直接判负。弃赛事件发生后，A校体育教师决定通过两则小故事，提醒队员们需遵守"契约精神"。

1992年巴塞罗那奥运会，锐步公司出400万美元，包下了美国奥运代表团的休闲服、热身服和领奖服。NBA超级巨星首次被允许参加奥运会，乔丹作为当时全世界顶级的体育明星，也参加了本届奥运会并轻松夺冠。但是到颁奖前，出现争议了。美国男篮大部分是耐克的签约球员，其中包括乔丹这样的超级明星。乔丹说："我必须忠诚于我的签约品牌。"到最后上台时，乔丹身披美国国旗，将商标完全遮盖，既尊重了梦之队的规则，又维护了自己所代言品牌的利益，做法非常公正。

无独有偶，在2017年第13届全运会上，篮协主席姚明在给辽宁男篮颁奖时，特意在领奖台上提醒周琦、郭艾伦两名年轻队员将外套拉链拉到领口，就是因为他们里面穿的衣服并不是全运会赞助商的品牌。

所谓契约精神是指存在于商品经济社会，并由此派生的契约关系与内在的原则，是一种自由、平等、守信的精神。契约精神不是单方面强加或胁迫的霸王条款，而是各方在自由平等基础上的守信精神。无论是私法上的契约精神（即在商品经济中的公平交易精神），还是公法上的契约精神，对我国社会主义法治国家的构建和社会主义市场经济的良性运转都有着积极作用。

合同就是合同，规矩就是规矩，乔丹、姚明也没有例外！他们身上的契约精神，也是职业精神，值得我们每一个人去学习。如果连基本的品牌权益都不能保证，试问有哪家企业会继续投入巨资来支持体育产业的发展呢？如果没有可持续的资金来源，我们如何保障运动员的竞技运动训练与比赛？如果没有高质量的训练与高强度的比赛，我们的运动健儿如何能在奥运会的赛场上劈金斩银、为国争光？

通过对故事的深入学习，本次事件以后，再也没有学生因周末补课而缺席比赛。家长们也先后通过各种方式表达对赛事的理解，并表示支持学生利用周末时间参与体育比赛，磨炼体育精神、培养体育品格。

人们订立契约源于彼此的信任，当信守契约精神在社会中成为一种约定俗成的主流时，契约的价值才真正得到实现。契约双方基于守信，在订约时不欺诈，在履约时诚实守信是契约精神最基本的原则。

希望同学们尊重规则，遵守契约精神，恪守体育道德准则！

（李荔）

3　老师和我们一起打球

篮球专项课马上开始了，我一到操场上，同学们就争先恐后地围拢过来，"老师，今天我们练什么，有比赛吗？能和我们一起打球吗？练习体能吗？能不能让我们搞个半场三对三挑战赛？"我爽快地答应了大家的请求，但是要求比赛规则、组织和裁判都由他们自己参与，学生们欢呼雀跃，比以往更加有激情地投入热身活动和基本练习当中。这样的情景符合大多数男同学的真实想法，它让学生兴趣提高了，课堂氛围活跃了，教学目标也实现了。

同往常一样，篮球专项准备活动后，我进行了新授内容的教学：篮球一传一切配合。学生学得相当认真，大部分的学生都能基本掌握，有一部分同学已经能熟练地运用。看到这种情况我将学生分成了三个层次的组别：A组将已学的内容在教学比赛中综合运用；B组巩固之前课上所学的内容；C组是动作掌握比较薄弱的同学，主要消化今天所学的内容。按照教学设计要求，我主要巡视指导C组的同学。

课中，我在耐心地辅导着学习能力较弱的学生，突然从后面冒出一个声音："老师和我们一起打球吧。"我一愣，怎么回事？我不是已经分好组了吗？我顺着声音抬头望了A组那边一眼，只见他们无精打采地打着比赛，我意识到也要关注一下他们，回答说："你们先打，我在帮助不熟练的同学，待会儿就过来。""老师你是不是怕输啊？不要紧，我们不会笑的。""老师你来打呀，我们让你球。"这样的声音越来越多。"你们先打，我肯定过来。"我一边回应着他们的挑战，一边安排好C组学生的练习内容。

"老师来了，老师来了！"看见我过来，A组的气氛一下活跃起来，同学们都抢着说："老师到我们这一边，老师到我们这一边好吗？""不行，到我们这里！"没办法，我在他们的划拳下被"发配"了。学生们一下子就像换了一个人似的，在球场上争着、抢着传球，手上忙着、脚上跑着、嘴上叫着，整个篮球场都被他们带动了起来。我也适时引导学生积极参与，主动合作，并在实战活动中正确运用二或三人间的技战术配合，培养合作互助、相互信任的体育品格和竞争进取的精神。

这个案例告诉我们，在充分体现学生主体作用的同时，还要发挥教师的指导和参与的功能。不仅要关注学生的个体差异，还要为每位学生提供体验与展示篮球活动的机会，让学生在"乐学"的氛围中体验篮球的动作技术，重视学生健身能力的培养和情感上的交流，并在师生共同参与体育活动中获得乐趣。

（李文耀）

4 "五星健将"的故事

在一次三年级1分钟跳短绳的挑战环节中，我告诉孩子们达到规定的个数就能分别得到一至五星的奖励；若达到150个，除获得五星之外还有额外奖励——玩跳跳球。孩子们顿时兴奋不已，摩拳擦掌、跃跃欲试。我让学生两人一组自由结伴，相互帮助完成记数。当我环顾操场时，发现小A和小B有些奇怪，日常喜欢围在我身边的两人却选了一处离我最远的空地窃窃私语，交谈完后还相互击了个掌，露出了得意的笑容。我猜测他们要耍什么小聪明了。

第一组挑战开始，小朋友们铆足了劲跳绳，个个都想争取到最高的奖励。此时的我特意数了小A的跳绳个数是128个。第二组挑战时，我留意小B的跳绳个数是135个。"下面请小朋友根据自己的得数站到相应的星级区域内，老师要颁发挑战的奖励啦！"孩子们迅速站到了自己的奖励区域，果然小A和小B同时站到了五星区域，但他们脸上透露着紧张的表情，并时不时偷偷向我瞟了几眼。我心想：要直接走上前去批评他们吗？小A小B是班里公认的体育小健将，聪明好动、自尊心强，如果直接指责一定会伤害到他们，适得其反。我得让他们主动承认错误。

"下面请五星区域的6位小朋友到老师这里来接受最高奖励，大家欢迎！"孩子们热烈的掌声响起来，并向他们投去了羡慕的目光。顿时小A小B如释重负，飞奔到了我的身边。我边送上奖励星星边说道："五星健将们，老师邀请你们下节课为大家展示跳绳技能，让大家领略你们的风采。"同学们鼓掌并齐声说好。顿时小A和小B"花容失色"。之后，又见他们窃窃私语起来……

果不其然，"爱面子"的两人在课后战战兢兢地向我承认了错误。看着涨红了脸、双手紧拽着衣服边缝的他们，我微笑着拉起了他们的小手说道："我知道，小A128个，小B135个，对吗？"他们诧异地看着我。"你们都听过《狼来了》的故事吧？讲诚信的人才会受到老师和同学的爱戴和尊重。不过老师为你们敢于承认错误的勇气点赞，知错能改就是好孩子！"听着我的话，他们慢慢抬起头来看着我，眼里闪着晶莹的泪花："老师，我们一定改！可是下节课的展示……我们可能完不成……""那和老师来一次诚信之约吧，以后每天午休时到我这里来，我辅导你们跳绳技巧。每天回家后再坚持练习，能做到吗？如果你们诚信守约，就一定能成为五星健将！"小A和小B听了不住点头，流着泪的眼笑成了一道弯月。

之后的几天，他们如约找我练习跳绳，没有一次缺席。回家后也每天坚持锻炼。展示课上的他们轻松完成了任务，真真正正地成了"五星健将"。当班里孩子给他们掌声的时候，他们高兴地跳了起来，一把抱住我说："老师，我们成功啦！我们成功啦！谢谢老师，谢谢老师。"此时的我也为自己选择没有当场指责他们而庆幸。一次展示、一次约定，既维护了孩子们的自尊，又让他们明白了诚实守信的重要；既提升了孩子们跳绳的本领，又让他们懂得了知错能改的道理。看着他们在操场上欢快地玩耍跳跳球的场景，我的内心无比高兴！

（刘萍）

5　塑心　聚力　共进

"四（2）班的小朋友们，下周就要进行400米考试了，今天我们分组进行耐力跑练习！"一听到耐力跑，学生们就露出了失望的表情。接着我把本节课的计划安排传达给学生，我们将进行200米、300米和400米跑，分三次练习，希望同学们可以循序渐进坚持到最后。成绩最好的小组可以在课后得到老师手中的徽章。学生们听了老师的鼓励后，个个摩拳擦掌、跃跃欲试。"嘀——"一声哨响，耐力跑练习开始啦。

300米练习中，A组的悦悦脚下一软，一屁股坐在了地上，脸上露出痛苦的表情。看到同组的同学纷纷超过了自己，悦悦坚持站了起来，继续跟跟跄跄往前跑。我观察悦悦的身体并没有大碍，为了保持练习的完整性，就没有叫停。虽然悦悦最后完成了练习，但是A组的成绩暂时落后于其他三组。此时，A组的学生们不再从容淡定，不知是谁在窃窃私语："都是因为他，我们才落后……"

紧接着，B组的学生也完成了300米练习，陆续到达了终点。B组的欢欢到达终点后就一直坐在地上不愿意起来，嘴里还在说："老师，我实在动不了了。"此时B组的同学开始焦躁和抱怨起来，担心欢欢会影响本组的总成绩，可是欢欢还是一脸疲惫地坐在地上不愿起来。

四组全部完成比赛之后，我宣布C组成绩最好。此时，所有的掌声和欢呼声全部来自C组，而另外几组则截然不同。他们有的呆呆地站着，脸上露着一副不服气的表情。A组有人开始埋怨悦悦，B组有人开始埋怨欢欢，还有的学生大声齐喊："C组犯规、不公平！"各组之间开始相互埋怨，不一会儿就演变成了唇枪舌剑。看着班级乱成一团，我立即吹响了口哨，决心好好管理一下班级风气。

为了让学生们更好地理解我的意图，我通过明理和实践的方式，告诉学生要学会热爱集体、相互帮助、共同进步。

第一步——阐述一个长跑能手的故事，观史明理

公元前490年波斯攻打雅典，雅典取得了反侵略的胜利。为了让同胞们早点知道胜利的消息，大战获胜后菲迪皮茨在受伤的情况下拼命奔跑，最终完成使命，却因体力不支而倒地死去。为了纪念这场战役的胜利和表彰尽职尽力的英雄菲迪皮茨的功绩，1896年，雅典人在第一届奥林匹克运动会上，规定了一个新的竞赛项目——马拉松赛跑。

我通过历史故事引导，重点讲述了长跑能手菲迪皮茨的爱国情怀，让学生明白爱国爱集体是多么重要。另外，雅典为什么可以战胜强大的波斯大军，这和雅典人民团结聚力、相互帮助是分不开的。这让孩子们明白在集体中大家互帮互助，我们的集体也将更加强大。听到这里，学生们热烈地鼓起了掌，其中一名学生说："我不该埋怨悦悦，我应该帮助他。"欢欢也举手起来说："我想向B组所有人道歉，昨天我没有坚持到底。"还有很多同学都表示我们要更加关心需要帮助的同学，一起克服困难。

第二步——重返练习场景，行动实践

我把学生们重新带到跑道，问他们："前面我们没有做到的，这次能不能做得更好？"学生们大声高呼："我们能！"团结友爱的氛围替代了刚刚不和谐的气氛。

练习结束后，各组的成绩不相上下，但是都有了提高，特别是练习有困难的学生在团队的帮助下都克服困难坚持到了最后。课后我将徽章奖励给了全班的学生，还表扬了全体学生的团结互助精神。在公布优胜小组后班级里

面再也没有埋怨吵闹的声音，相反给他们的掌声却持续了很长的时间。

（吴昊　陆志英）

6　小短绳需要"大空间"

有一节跳绳课，孩子们正在散点自由练习。我看到二年级的张静独自一人在偏僻的角落吃力地跳着。看着她那胖胖的身材和极不协调的甩绳动作，我情不自禁地走上前俯下身子说道："还记得老师上课时教的口诀吗？"她点了点头低声细气地说："手腕转动画小圆，脚尖起跳落地轻。"

"你的记忆力超级棒，那你能不能按照老师的口诀来练习呢？"

在我的鼓励下，张静又开始了练习。

这时，许多学生都围上来，个别孩子看着她那笨拙的样子，开始嘲笑她。听到同学们的笑声，张静满脸通红，不管我再怎么鼓励，她就是站在原地不动。我突然明白了，她的问题不是对动作技能不理解，而是在练习的时候怕别人嘲笑，那为什么不给她一个独自练习的空间呢？

想到这里，我让其他的同学继续练习，然后递给张静一根短绳，悄悄地说："你把这根跳绳带回家吧。继续按照口诀来练习，跳绳不是一天就能学会的，老师相信你通过日复一日的练习一定能掌握动作技能。到时候我让你在全班同学面前展示！"听到我这样说，张静既兴奋又惊讶地看着我，用力地点着头，眼里溢满了期待。

两个星期过去了，她如愿地获得了在全班同学面前展示的机会。只见她努力摇动着短绳，同学们给她数数，尽管她跳的还是不够轻巧，但同学之间正在传递着一种正能量。从她的眼神中可以看出，她自己似乎也不敢相信这个成绩。虽然这个成绩和其他同学还有一段距离，但对于她来说，却是一种进步与成长。成功并非遥不可及，只要勇于尝试，迈开第一步，就是进步的第一步。对于张静来说，老师、同学的信任和鼓励让她有了动力，她用自己勤奋的汗水弥补了肢体的劣势。

体育课堂中的小故事每天都在发生，我们老师需要再多些智慧，给予孩子自由的空间、足够的时间与充分的信任，并允许学生之间个体差异的合理存在。保护好孩子的自尊心，是树立孩子自信心的重要前提，更是培养孩子运动兴趣，使其身心和谐、健康发展的基础。

（顾剑君　陆志英）

7　团结的力量

"嘟——"伴随着一声清脆的哨音，一年一度的5 vs 5校园足球挑战赛正式开始。高一（3）班的队员们个个健步如飞，势不可挡，朝对方的门前冲去。只见（3）班的小王同学得球后沿边路带球狂奔，一路左突右闪，足球随着小王的急停与加速就像黏在他脚上一样变换着不同的行进路线，他挨个儿突破防守队员。"嘭——"闪身拉开空挡后，小王同学一脚大力抽射，可惜球滑门而过。"哗——"此举引来场下观众一众欢呼、掌声雷动，看来本场比赛高一（3）班志在必得。

随着比赛的持续进行，观众们发现（3）班小王的足球个人水平的确要比包括对手在内的其他9名同学高出不少，而且，由于小王的存在，对手不得不派出多人共同夹击小王。但即使遭到对手的3人包夹，得球后的小王依然不主动传球给队友，继续单打独斗。对手的多人夹击也使得小王频频出现失误。反观对手，在逐渐掌握了小王的个人进攻套路之后，他们果断采取了多人包夹防守战术，并利用断球后对方防守不到位的机会，发动了多次较有威胁的快速进攻和射门。

"吁——"随着比赛结束的哨声响起，场下发出了不少嘘声。原来，一开场看似勇猛的高一（3）班，由于小王的单打独斗，竟以0比2输掉了比赛。不仅是场下观众，就连队友们也纷纷向小王投去了埋怨的目光。但小王似乎不以为然，还天真地认为是队友实力不济导致比赛的失利。（3）班同学们比赛前的自信心已逐渐消失。

次日体育课上，老师播放了一部名为《一球成名》的影视作品，电影讲述的是巴西一位街头足球爱好者的励志故事。主教练在一次训练结束后将男主角罗纳尔多单独留下加练。原来，罗纳尔多习惯了街头足球单打独斗的踢法，在比赛中依然我行我素，忽视了全队的整体战术打法导致球队失利。于是，教练让罗纳尔多和足球比速度，但罗纳尔多使出吃奶的劲也赶不上被踢出的足球。往复几次以后，教练问罗纳尔多为什么接不到球，罗纳尔多回答："球永远比人跑得快！"教练又反问："既然知道球比人快，那你为什么不传球？"罗纳尔多答："其他的队友也不给我传球。"教练说："足球是一项团队运动，胜利是依靠场上每一位队员的相互配合取得的。如果球队里人人都像你一样不给队友传球，不信任队友，我们的球队如何取得胜利？你的个人能力虽强，但没有队友的支持是一定不会成功的。信任是相互的，只有你带头给队友传球，队友才会相信你并把球回传给你。"

影片播放以后，小王也意识到自己存在的问题，他主动找到队友们道歉并建议大家在放学后到操场上练习传球战术配合。

在接下来的一场比赛中，小王得球后利用自身的突破能力成功吸引对方两名防守队员上前包夹，当队友出现得分机会时及时准确地将球传至队友脚下，队友则轻松将球打进。"哗——"场下观众爆发出热烈的掌声，为此次精妙的进攻配合欢呼。进球后的（3）班队员们拥抱在一起，享受着此刻足球运动带来的欢乐。此后的比赛，在小王同学的带领下（3）班的队员们一路过关斩将，以小组第一名的成绩顺利晋级淘汰赛。

5 vs 5校园足球挑战赛全部结束后，高一（3）班足球队取得了第一名的好成绩，小王也获得了本次赛事的MVP（最有价值球员奖）。此后，高一（3）班无论是在体育比赛还是其他项目的班级竞赛中皆表现出全班团结、勇敢、敢于担当的优良品德，给全校师生以及家长们留下了深刻的印象。体育运动带给我们的不只是健康的身体和强健的体魄，还有永不放弃、团结一致、勇攀高峰的体育精神！

（苏新全）

8 坚持意味着一切皆有可能

"同学们，通过刚刚高强度的'有球交替跑'体能练习后，我发现部分同学已经开始手撑膝盖，表现出了疲劳的状态。下面，跟随老师边踏步边深呼吸调整，1，2，1……"眼见学生的状态一点点恢复，我紧接着说道："充沛的体能是学习板球运动的基础，也是我们健康生活的保障，在持续一定强度的体能练习中更能磨砺我们的意志品质。同学们，你们想不想挑战强度和难度更大的体能练习呢？""想！""能不能坚持？""能！"同学们斗致昂扬地与我对答着。此刻，小A深深地叹了一口气，面有难色，嘴里嘟囔着："都那么累了，怎么可能完成？"我用坚定的眼神看向了小A，并握紧拳头做出加油姿势，呼喊道："加油！老师相信你们可以克服体能困难，战胜自我。"

在我简述了"滑板折返跑"的练习要求后，随着"哔——"一声哨响，同学们都持板迅速地冲了出去，宛如一匹匹脱缰的野马。练习过半，部分同学的脚步明显慢了下来，甚至有的同学板还未碰到线便折返了。于是，我从旁边拿起板，加入了学生的练习中，并不断鼓励大家坚持到底。同学们被我的语言和行动再次激起了斗志，顺利完成了练习。"老师，快看小A。他好慢呀，还在走。"不知是谁猛然喊道。紧接着，一阵阵笑声从学生堆里传了出来，小A不为所动地继续"龟速"前进。为了不影响教学进度，不耽误学生后面的课，我强忍下了火气，决定在下节课好好"收拾"一下班里的这股"歪风邪气"。

课后，我先和小A进行了沟通，小A理直气壮地对我说："老师，我体能不行，能完成'有球交替跑'的体能练习已经很不错了，再让我完成'滑板折返跑'简直太难了。"当时，我一度怀疑是否自己设计的练习强度对于小A而言真的太难完成了？后来我碰到了小A的班主任与其他任课教师，在交谈中我发现，小A是个缺乏自信、得过且过的孩子，他在面对困难时往往选择逃避和放弃。

次日体育课上，我播放了一部名为《死亡爬行》的视频短片，片中教练让一支橄榄球队的所有队员进行"死亡爬行"的体能练习，要求沿球场完成50米。队员们都认为这是不可能完成的任务，并在30米的时候全军覆没了。此时，教练叫出了球队中最优秀的队员布洛克，用布蒙上了他的眼睛，要求他再做一次，希望他能走得更远，不要放弃。布洛克爬行时，不停说道："很痛""他很重""我快没力气了""我的手臂像在火烧""太困难了"。而教练始终在旁鼓励他，总计喊了13次"对了"、15次"加油"、23次"别放弃"、3次"不要停"、48次"继续"……最后，在教练的鼓励下，布洛克背着80千克的队员爬完了整个球场（100米），远超过之前约定的50米目标。队友和布洛克本人都惊呆了，被这次的爬行所感动和震撼。

　　影片结束，班里鸦雀无声，寂静了好一会儿后，小B突然若有所思地说道："上节课，我不该在体能练习时嘲笑小A跑得慢，而应该鼓励他，让他拥有克服困难的力量和勇气。小A，对不起。"小C紧接着说道："老师，我们明白了，那些看似完成不了的事情，是因为我们欠缺自信、意志力不坚定导致的，其实每个人的潜能都是不可估量的；同样，在我们面对困难的时候，身边人的鼓励也显得尤为重要。"听到学生们的这番感悟，我欣然点了点头，并把目光聚焦到了小A处。小A迅速接收到了我的眼神信号，立即说道："以后面对困难，我再也不逃避了，要坚定地对自己说'我可以'，而不是'我不行'，我要争做那个完成100米的'布洛克'！"我感慨道："老师也会像影片中的教练那样，永远陪伴在你们的身旁，给予你们战胜困难的信念。"不知不觉课时过半，我将学生带到了球馆，又开始了板球专项的学习。

　　自那之后，我发现小A在课中无论面对怎样的困难，都表现出了自信、顽强、坚持不懈的意志品质。同时，他的班主任和任课老师也向我反馈，他的这种精神有效迁移到了日常生活和学习中，现在的他比以前更优秀了。而那些刺耳的嘲笑声和讥讽声在我的课中也消失殆尽了，取而代之的是美妙的鼓励声和赞扬声。随之，班里的凝聚力和团队意识也变得越来越强，渐渐地同学们开始真正体会到了板球这项集体运动的魅力所在，也明白了永不放弃是破解困难和创造奇迹的最佳之道。

（王黎敏）

9　自信的力量

　　一年一度的校园高中3对3篮球赛开始了，跟往年略有不同，今年某学校安排专项班学生担任比赛的执裁工作，旨在提高他们的篮球素养和实践能力。

进入到复赛阶段，学生们热情高涨！高一（3）班对阵高一（6）班，比赛还剩最后的40秒，场上比分12比16，比赛场面异常激烈！在经过同伴掩护后，（3）班张同学的一次快速持球突破，由于冲力过猛，直接撞倒了（6）班队长许同学。令人意外的情况发生了，小许同学站起身来，突然朝着裁判大吼："这还不犯规吗？"随后愤怒地走向场边找裁判理论。对于突然冲过来的队员，裁判员小王毫无经验，一时间直接愣住了，他顾不得再去思考，贸然地宣判了一次进攻犯规。此时，落后的（3）班队员们不乐意了，不再积极比赛，现场一片混乱。一旁观看的同学们大声喊着："黑哨，黑哨！"起哄的声音越来越大，小王也觉得自己误判了，仿佛要被场边的压力所吞噬，一时不知所措，比赛眼看就要中断了。

看到如此情景，陶老师快步走上前去，叫停了比赛。情绪激动的队员们仍然没有平复心情，都生气地伫立在原地，眼睛盯着老师，似乎想要向老师讨回公道。陶老师看了看小王，微微点了点头以示安慰，并转过身，拿起了记录台上的话筒。队员们面面相觑，不知道老师要说什么。

陶老师向着同学们说道："大家都看到了刚刚的比赛，这是一项对抗非常激烈的运动，但绝对不是一项野蛮运动，它需要大家正向的鼓励和助威！参赛队员们都参加过赛前动员会，显然挑衅裁判就是对规则的不尊重，应该记一次技术犯规！对判罚有争议可以理解，但绝不能消极比赛。我们的裁判员判罚得很坚决，很果断！他同样需要大家的支持和鼓励！比赛继续进行！"小王见陶老师力挺他的判罚，原本焦虑不安的神色轻松了不少。在后面的比赛中，小王的执裁也明显有自信了，吹球"杀伐果决"，经过几个回合的较量之后，比赛顺利打完了。

赛后，小王主动到办公室找了陶老师："谢谢老师没有当面指责我的判罚错误，当时场面一度混乱，我一下子慌了神，有点想'逃跑'了。幸亏老师把场面控制下来，力挺我的判罚，让我后面有信心把比赛吹完。"

"我觉得你做得很好啊!"老师微笑地对小王说,"从始至终,你都认真地对待每一次判罚。但要记住,裁判作为场上最大的法官,立场是最坚定、最果断的!你自己一定要有信心,公平公正永远建立在规则的基础上,这就要求我们裁判熟悉规则,灵活运用规则,不能被任何其他因素干扰。下一场比赛,你还敢吹吗?""敢!"小王坚定地回答。

有比赛就会有输赢,有输赢就会有竞争。体育精神正蕴含于此——自信、勇敢、果断、拼搏和进取是比赛的主旋律。鼓励胜于指责,正是因为老师的鼓励和信任,在后续进行的比赛中,大家看到了不一样的小王——更加自信的跑动姿态和更加清脆果断的哨音。校园篮球联赛如火如荼地进行,同学们的篮球比赛热情逐渐高涨,篮球运动素养也随之得到大幅提升。小王经历了这一赛季的执裁工作,也成为同学心目中最信任的裁判员,学科育人价值得到彰显。

(吴叶丽　陶扬帆)

10　一位"武术导演"的诞生

周三下午的高中武术专项课上,我教完最后一组功夫扇组合动作,随后让学生小组自主复习新学动作或成套动作,以备下周小组考核。当我巡视到第三组准备指导动作时,第四组的李慧突然走出队伍,坐在了场地旁边的长凳上。

动作指导结束后,我扭头发现李慧仍然坐在长凳上,神情有些落寞。我靠近第四组时,感觉他们整体的练习气氛低沉,动作也没有了之前的力度。为了鼓励他们,我笑着问道:"各位侠客,准备好展示你们的武功了吗?"这时董强不开心地说:"老师,我们组下周考核要预定倒数第一了!""老师,我们新学的动作都已经很熟练了,只有李慧还不会,我们埋怨了几句,她扭头就走了。""就因为她,现在整个套路都还没串联过呢。"……同组成员也七嘴八舌地说道。

我抬头看向坐在一旁的李慧,发现她正关注着这边的情况,目光对视时,她瞬间红着脸低下了头。我意识到李慧很想参与练习,努力表现,但运动能力较差，新动作掌握得不好，而且自尊心比较强，加之同组成员求胜心切，团结互助的意识欠缺，才导致了现在的"僵局"。我意识到这件事情必须马上解决，不然能力差的学生缺乏自信，回避体育活动，长此以往会不利于身心健康，而且这也正是一个提高学生互帮互助、团结友爱、共同进步意识的好机会。

我拍了拍手，待第四组学生安静下来，说道："大家都很有竞争向上的精神，值得表扬。但是在集体中小伙伴暂时出现困难，不去帮助却只顾指责抱怨，不就像有了短板的木桶，装不了多少水吗？"看着他们略有所思，我继续说道："大家都听过《兄弟齐心，其利断金》的故事，现在我们应该怎么做呢？""老师，我们有点太心急了，我们会帮助李慧练好新学动作的。"听到这句话，我欣慰地笑了。

看着坐在一旁意志消沉的李慧，怎样帮助她恢复自信呢？我想到第一堂课学生自我介绍时，她曾说过特别喜欢中国武术，有时还会模仿电影里的对打动作，当时我还惊讶于略显柔弱的小姑娘有这样英勇的一面。正好这套功夫扇套路中可以提炼攻防对练动作，我猛然计上心来。

于是我示意全体学生安静，大声说道："同学们，下周的小组展示，要想与众不同，是不是可以考虑改编一下动作，会更出彩呢？给大家一个提示，像武侠片里高手之间的过招一样，是否也可以将动作改编为有攻有防的对练技术呢？"学生们听后都有了兴致。

看着时机成熟，我喊道："李慧，休息好了吗？快点过来大家一起想。"后来我再巡视到第四组时，再看李慧，她已经被组员们笑称为"李导"了。"李导，动作怎么做的？你再教我一次。"其他组的成员也被吸引过来，"李导，刚才的动作好帅气，帮我们也设计一下吧。"此时这位英气十足的"武术导演"，抬头发现了我，看了我一眼，害羞地笑了。

在这个笑容中我愈发明白了教书育人不只是一句口号，今天的我只是引导学生理解包容他人，维护了一名学生敏感的自尊心。作为老师，这也许是一件小事，但对于学生可能是影响其一生的事情。

（李奉娟　武敏　夏昕）

11　胖妞的体育学习"变形记"

每年体质监测中最让女生害怕的就是800米。记得测试的那天是个风和日丽的周五，天气非常适合长跑运动。我以为当天的800米测试还是会和往常一样有很多"不及格"学生，但是到终点时冰冰的表现让我惊讶了。这是她三年里第一次800米跑进4分钟，而且跑完以后没有像别的同学一样瘫倒在地上或者由别人搀扶着，而是静静地、放松地走开。

抬头望天，阳光正好，心情也因为冰冰而变得美好起来。这让我想起了两年前第一次注意到她，一个矮矮胖胖的小姑娘，从一开始就站在队尾，默不作声。800米测试最后一名，篮球不会运球，投篮"百发不中"，跳高不及格……

一、敢拼搏——"宝剑锋从磨砺出，梅花香自苦寒来"

慢慢地在体育活动与锻炼中，我发现她虽然不喜欢讲话，但只要告诉她哪里存在问题，她都会在一段时间内慢慢改正过来。也许她不是很聪明的孩子，却是个听话努力的孩子。高一第一次体质检测结束，看到她几乎所有体育科目都不及格后，我专门找她聊天，但是因为害怕伤害小女生的自尊心，在校园中我装作不经意地遇见了她，和她闲聊。我发现她由于从小父母没有时间陪，也不常出去玩，没有什么很要好的朋友，孤单的生活让她慢慢地变胖，同时也越来越缺乏自信。看到她这样，我不由得心痛，我告诉她说："老师小时候体质也很差，经常生病去医院。后来我从小学三年级开始参加体育训练，你看看现在的我，是不是想象不到，其实你也可以的，你愿不愿意尝试下？"

冰冰抬起头，有点不敢相信地看着我。第二天的篮球课上，我格外地关注了她，由于中考她没有考这个项目，所以连原地运球都不会。我专门在课堂中讲授了篮球运球的要点及练习方法，后来我又告诉她运用"自我暗示法"："想要练好篮球，首先心里要相信自己终有一天会掌控篮球，而且每节课有时间就借个篮球运球。当和篮球感情深厚时，它自然而然地就会'听你话'啦！"体育的世界没有捷径可言，唯有通过日复一日的努力，一步一个脚印，才有进步的可能，天道酬勤！

二、善合作——"天时、地利、人和"

体育课外，我也专门找了冰冰的班主任和同学了解情况，冰冰似乎不仅是体育成绩不好，还被同学孤立，每天都是一个人。她不像其他学生那样总是有小伙伴陪伴，甚至连打羽毛球都是自己一个人拿着拍子走来走去。当我又一次看见她拿着拍子晃来晃去地看着人家三三两两打球，了解原因后，我在后面的课上，练习的时候要求同学们团队作战，体会团队的力量。而且，我专门"不经意"地给她找了个合作伙伴，和学生一起打篮球的时候也把她喊上，把她安排到团队中去……慢慢地，上体育课的时候我发现有时候会有小伙伴一起和她打羽毛球，一起投篮了。两年过去了，那个曾经低着头孤单地、弱弱地向我问好的小女生，已经有小伙伴陪伴，脸上有了笑容，校园里遇见我也会微笑着打招呼了，就连体育成绩都提高了一大截。我喜上眉梢，觉得种下的小种子总算发芽啦！

（史金玉　姚珂）

12　运动好习惯　一生好运动

金秋十月，丹桂飘香，午饭过后，我和几个同事正在学校操场上散步，忽然手机传来"嘀嘀"的声音，是微信消息来了，我熟练地掏出口袋里的手机，打开一看，是今年刚毕业考入华东政法大学的曹同学发来的消息："小于老师，小于老师，我进学校网球社团了，并获得了跟随校队一起训练的机会啦。"看这情形，曹同学应该很开心和得意，当然听到自己带的第一届高中体育网球专项班里最得意的学生，考入大学后能够得到专业练习网球的机会，作为启蒙老师的我也十分开心，在向他回复消息表示欣喜和恭喜后，还是不忘要提醒一下他："你当心点，被虐的日子才刚刚开始，不要忘记你曾经有过一段默默无闻孤独的打墙时光！"

沉默了好一阵，消息来了："现在回想，那时候确实很孤独，但也是一笔财富，起码我坚持了下来，而且成功了。我热爱网球，庆幸自己遇到了您，遇到了网球，也谢谢学校的那面墙，它陪我度过了很多时光，有开心的，也有悲伤的，感谢高中生活有网球陪伴。我想，我会一直打下去的。"

　　看了曹同学的消息，我心里酸酸的，一时竟不知该如何回复，下意识转头看向了操场东南角的那面墙。三年前的一天，也是午饭后和同事一起去操场上散步。刚进入操场，同事就冲我喊道："于老师，你快看，有个学生在对墙打网球。学校打篮球的、踢足球的、打羽毛球的倒是天天见，这打网球的还是第一次见到，而且还是一个人在打墙，好像还不怎么会打，是你的学生吗？哈哈！"我回了句："嗯嗯，我看到了，蛮好的，其实只要喜欢就好！你们慢慢走，我过去看看。"说完我径直走了过去。

　　"嗨，这位同学，打得不错嘛！几班的呀，叫什么名字？"我走过去，离他还有点距离就喊道。"于老师好！我是高一（6）班的曹嘉，我瞎打着玩的，都打不起来，老是打不到甜区。"学生讪讪答道。"不错，还记得甜区呢！打不好没关系，打多了就好了，当年老师能学会网球，也多亏了墙的帮助。打墙也是练习网球的一种很专业的训练方法。来，曹同学，老师再教你一下。"说完我接过他手上的拍子和球，边讲解边示范，仔细教了他一阵。他听得很认真，练习也很卖力，看他慢慢能够打到球后，严肃认真的脸上慢慢露出了笑容，我也舒心地笑了。不知不觉马上要到下午上课时间了，我们便一路聊着与网球有关的话题走回教学大楼。

　　第二天的网球专项课，我对全体学生说："同学们还记得老师说过，你们要学好网球，除了要认真上好我的课之外，还可以干什么呢？""打墙！""打墙！"多数同学都回答了。我接着说："对的，由于学校场地资源有限，加上人也多，老师也是分身乏术，但是你们可以充分利用面前的这堵墙，它将是你们最好的教练、搭档和对手，你永远也打不过这面墙！除非你把墙打穿了！""哈哈！"有些学生大声笑了起来。我又说道："但是你们有几个在课余时间来练习打墙的呢？"这时多数学生都低下了头。"你们都不知道吧，有一个同学做到了，我相信他一定会练好网球的，咱们拭目以待！"

慢慢地，课余时间来打墙的同学多了起来，打着打着，有些同学觉得打不了几个回合，一直捡球很是无趣，慢慢地，打墙的同学又少了，唯独曹同学一如既往地坚持。大课间、中饭后、放学后，在学校操场东南角，会经常看到一个或几个同学默默地在对墙打球，偶尔我也会过去跟他们一起打打，时而传来网球击中球拍甜区那瞬间清脆美妙的声音，时而失误了，奔跑着捡回球，再继续……

多年后，曹同学回母校跟我聊起，当年只要天气允许，他每天都去打墙练球。有很多时候打得不好，也曾想过放弃，或是懊恼地把球扔一边，或是坐在地上发呆，看着汗水一滴滴掉在地上然后蒸发；有时空旷的学校只有他一个人在打墙，也会莫名感到孤独，想想老师的鼓励与教诲，还是坚持了下来。从一个想都不敢想在正规球场打球的"菜鸟"变成了那里的常客，而且现在经常和球场那些厉害的高手切磋球技。

曹同学的网球经历让我重新认识到，我们不仅要培养学生科学地锻炼身体，更重要的是要培养学生把体育锻炼作为日常生活的一种需要，使其成为一种习惯，这对于培养学生终身体育能力，促进学生身心健康地发展有着重要的意义，而体育锻炼培育的坚持不懈的品格也将影响他们一生。

（于生德）

13　心怀平等　融合育人

在一节体操新授课上，由于上节课学生们前滚翻分腿坐的学习情况较好，所以在课堂最后我简要讲解示范了前滚翻分腿起的动作。这节课刚开始我就问大家："同学们，你们还记得我上节课最后做的那个动作吗？谁能给我们表演一下？"平静片刻后，角落里传来了一个轻轻的声音："我试试吧。"只见性格较内向的王贝妮迈向前一步，她利落地打开垫子，迅速做了个完整动作。我格外惊喜："做得真不错！大家给她鼓鼓掌。"我顺着她的动作又仔细讲解了动作要领，接着要求同学们在本组的垫上自行练习。

练习没多久，部分学生便不耐烦了，有的甚至开始做自己的事了。为了及时激发学生的学习积极性，我主动提出个建议："同学们，周老师来和大家比一比，你们做评委给我打打分，如何？"同学们十分诧异，但转眼又是一副期待模样。在同学们的注视之下，我自信地走到垫前，按预想着的动作进行，但起身时却有阵头晕，站立显得勉强了些，应该是少了热身运动的缘故。我也不怕尴尬，微笑着面向同学们："没关系，大家可以就刚才的表现尽情发表意见。"孩子们互相看了看，都不敢说话。"王贝妮，你说说老师是不是失误了没做好呢？"她先是支支吾吾地不肯说，后来我朝她点点头以示鼓励，她才评议道："总体来说周老师做得不错，就是滚动速度有点慢，推手不充分，所以起身不稳。"

对于学生客观的评价，我毫不吝啬地表扬了她："动作分解评价得很到位啊！我能看出刚才每位同学都很仔细地观察了我的动作，并且动了脑筋，对我的动作进行了细致分析。下面周老师根据你们的要求再做一个，你们继续帮我打打分，好吗？"学生们激动起来了："好！"我先活动了一下头部，深吸了一口气，终于在垫上做了个优美的示范，这回同学们纷纷打出了满分，还不由得鼓起掌来。我略显兴奋地对大家说："我能有这么大的进步，看来你们的意见提得还真不错！同时我也想告诉大家，在平时的学习中你们要多用眼睛去观察，用头脑去思考、去探究，这样才会学得更好。老师相信只要你们努力，所有的同学都能做到满分。""对！"学生们大声应和着，并一个个回到本组的垫上开始练习起来。我巡视了一下，大家的动作果然有了明显的提高，而且在练习中同学之间还互帮互助，彼此纠正动作，互相评分。

这个教学故事告诉我们，课堂教学要建立平等的师生关系，融合课堂主体，教师应改变以往只注重知识技能传授的思想，在教学中要采用多种教法和手段，营造民主、和谐、轻松的教学氛围，激发学生的学习兴趣，更多地重视学生在学习过程中是否学会探究与分析，从小传授他们"知其然，更要知其所以然"的学习观念。并且多让学生谈感受，对教师的教法及示范动作及时提出意见，大胆表达个人想法，让我们每一位学生都能成为课堂中的主人。

（周颖花）

14　由"绊脚风波"引发的思考

在体育课上，六年级（1）班的学生正准备进行25米往返跑的接力比赛。哨声一响，四个小组的第一位同学如离弦之箭冲了出去。由于采用的是小组间的同质分组，男女生各两个小组间的实力相当，大家都你追我赶，不分上下，加油声、欢呼声响彻整个操场。当男生两个小组里还剩下最后一名学生时，小A同学所在的小组暂时落后，小A同学偷偷地溜到小B同学的小组，伸出一只脚去绊正要出发的小B同学。小B同学一个趔趄，不过他顺势一个侧滚翻后马上又爬起，继续往前跑……但结果可想而知，小A同学这组最先通过终点。

此刻像炸了锅似的，小B这组的同学都围着小A指责他是故意的，而小A则辩解着说是无意的，大家面红耳赤地争吵着，现场乱作一团。等小B一跑回来，我马上奔了过去，查看受伤情况，好在只是膝盖上擦破了皮，渗出了一些血丝。学生们也立刻围了上来，询问小B同学的伤势。小B同学憨憨一笑，笑眯眯地对同学们说："没关系的，老师教过我们在摔跤时自我保护的方法，我一个侧滚翻就把它化解了。虽然擦破了点皮，但没有大碍，大家不用为我担心。"同学们均被小B同学的宽容所感动了，但还是你一句他一句地说小A是故意的。此时，我看到小A眼神里流露出了后悔且沮丧的神情，但他当着大家也拉不下面子，不肯承认错误，所以我得给他一个台阶下。于是我就说："老师相信你不是故意的，是不小心的。"随后我又重点表扬了小B一番：摔跤了爬起来继续跑，体育场上就需要他这种坚强和执着；摔跤了用一个侧滚翻化解了受伤风险，把学到的技能学以致用；摔跤了憨憨一笑，给别人的是宽容，给自己的是美丽，这就是体育的魅力。最后又引导学生要学会忍让、学会宽容，要控制好情绪，尊重他人，尊重规则，要发扬"友谊第一、比赛第二"的体育精神。我偷偷瞄了瞄小A，他正低着头，脸有点红，表情很尴尬。下课铃声响了以后，我又与小A促膝长谈……

故事中发生的"绊脚风波"，就是小A同学为了让自己小组拿到第一名，伸出一只脚阻挡别人，他既没考虑违反规则所带来的后果，也给同学带来了受伤的风险，实属不该。而小B同学面对突然伸出来的脚而造成的突发事件一笑而过，他的宽容之心使一场风波就此打住。教师也没有一味地批评小A，而是通过表扬小B，让学生感悟到了宽容、忍让、坚韧、顽强的品质，也让小A意识到违反比赛规则、破坏公平竞争的错误行为，润物细无声，这也许比直接批评小A取得的教育效果更好。

中小学阶段是学生性格形成的关键时期，也是他们个性得到发展的一个重要阶段。学生在成长的过程中难免会违反规则犯下错误。作为一名体育教师，需根据学生的心理特点与成长规律，采用合适的方法，因人而异、循序渐进地渗透"育人"的教育目的，聚焦育人的过程，让我们的孩子在体育课堂中养成遵守规则、诚信自律、公平正义的体育道德。

（朱利荣）

15　小球王养成记

四年前，我教完一届毕业班，开始教一年级。当我踏进教室大门，看见一张张稚嫩的脸庞时，心中有着无比的喜悦，可经历了一个多星期的教学后，我心中却充满了焦虑。这些看似稚嫩的孩子几乎什么都懂，却又满不在乎。你跟他说篮球，他知道的是那些明星的名字，不知道的是：篮球是一项需要5个人共同参与合作完成的运动，它的技术有运球、传球、投篮等。

小明同学就是这样一个男孩，他有身高的优势，也有体重的优势。说起篮球他滔滔不绝，但让他介绍篮球这项运动，他又不知道从何说起。课堂上他借着自己身高、体重的优势欺负弱小同学，做游戏输了他就哭着赖在地上不起来，同学们都躲着他。我试了很多奖励和激励他的方法，但都收效甚微。

一天放学后，我看见他站在篮球社团的训练场旁，两只眼睛牢牢地盯着那些训练的同学，久久不愿离开。于是，我走上前跟他聊了一会儿，得知他非常喜欢篮球运动，也想参加篮球社团，但因为是一年级（我校是三年级以上才能参加篮球社团），所以不能参加。看着小明同学期盼的眼神，我灵机一动对他说："小明，你想参加篮球社团没有问题，如果你能在体育课上有良好的表现，我就把你推荐给教练。""真的吗？什么是良好的表现？"小明同学急切地问道。"当然是真的喽。只要你在课堂上遵守纪律，不随便乱哭，老师就帮你做推荐。"

　　就这样，一份小小的协议达成了。之后的一个月时间，我在课堂上一直关注着他的表现，当他有一些松懈时就用眼神和语言提醒他，慢慢地他不哭了，欺负同学时刚伸出的那只小手在我的眼神下也会慢慢地放下了。一个月后我单独邀请他妈妈到校进行了一次沟通，告知了我和小明同学的小小协议，在取得了家长的认可和支持后，小明同学也如愿加入了学校的篮球社团，成了其中最小的一名成员。四年来，我关注他的课堂、课后参与社团的情况，关注他的每一次比赛，并与他家长积极主动地互动交流，帮助他们正确地引导孩子、教育孩子。现在的小明同学是学校的大队委员，是黄浦区少体校的一名队员，是我校篮球社团的队长。2017年他带领我校其余5名同学参加上海市校园篮球联盟比赛获得了第三名的好成绩。现在他每周参加少体校训练6次，每次2小时，训练结束后还要在家自己琢磨战术。父母惊喜于小明身上的表现，班主任老师说小明像换了一个人，变得阳光正气了，我们收获了一个篮球小将。

　　在当前物质资源丰富的时代，电脑游戏铺天盖地、外界诱惑形形色色，只要我们老师有方法、有耐心，抓住每一个学生的特点，适时地给予引导，激发他们对体育运动的兴趣，体育运动的无穷魅力就能得以展现。小明同学的案例只是我在培养孩子体育兴趣中的一个个案，还有很多孩子通过篮球、排球、足球、羽毛球、空竹等项目激发了他们对运动的兴趣，为自己今后的健康人生迈出了坚实的第一步。

　　"少年强则国强。"这不是一句口号，我们每一位老师，特别是我们体育教师有义务帮助孩子们强壮体魄、磨炼意志，因为这就是我们体育学科的育人价值之所在。

（陈静娴）

16　经历比赛洗礼　绽放青春的彩虹色

"15比16""16比16""16比17"，"黄浦加油！黄浦必胜！"现在正在进行的是黄浦区阳光体育联赛中学男子排球比赛的冠亚军决赛。在双方1比1的前提下，最后一局决胜局的比分将决定两支球队最终的排名。面对3年蝉联黄浦区男子排球联赛冠军的敬业初级中学这支球队时，我作为黄浦学校男子排球队的领队教练，胶着的比分令我手心直冒汗，我和场上场下这些队员们的心也被拴在了一起。只听"哔"的一声，比赛记分牌最终停在了"16比18"，我们黄浦学校排球队以2分之差获得区阳光体育大联赛男子排球比赛（初中组）的第二名。孩子们顿时像霜打的茄子，愣住了。队长何晔走到角落默默地流眼泪，自责地说："如果那几个球我提醒他们防守就好了，如果我发球不失误就好了，如果……"我走到他面前，拍了拍他的肩膀，安慰他："没事儿，我们明年再来。"一旁的任天笑同学，又气又恼，一脚踢开了脚边的球。我知道他们辛苦训练不容易，更理解他们因为2分之差屈居第二的郁闷，这对青春期的男孩子而言更加难以接受。作为教练，我不能过多地责备，唯有鼓励和安慰。组队时间短、训练时间少、装备不齐全……在这样的外部压力下，我们能取得这样的成绩不容易。安抚了队员们的情绪后，我开了简短的总结会："我们曾经许下的承诺没有实现，但没关系，我明白今年第一年参加比赛的你们能打到这样的成绩已经很好了。男子汉流血不流泪，大不了明年卷土重来！"

回学校后，我也思考了在刚才的比赛中存在的一些问题，可我又该如何在接下来的训练和比赛中更好地帮助他们补齐短板、磨砺心性、正视比赛结果、重整旗鼓再出发呢？

一、智取，磨砺心性

任天笑这学期才转到我们学校，他又高又瘦，拥有打排球的好天赋。因为学校没有篮球队，而他羽毛球比赛又打赌输给了我，才不情愿地加入了排球队。刚开始整天嚷嚷要退出，前不久他妈妈也过来提出让他退队的请求，我同意了。他妈妈说这孩子脾气很倔。但出奇的是，要他退出排球队时，他却哭了。现在他虽然暂时离开了排球队，但在每节体育课前、体育课休息时间以及活动课上，我们都会看到一个高高瘦瘦的大男孩在默默地练球，下课了也不肯回去。他对我说："老师你们等我一年，我和妈妈已经约定好了，一年后只要我的学习成绩有进步，我就能回来训练了。"我听了之后特别感动。我觉得对待队员，不仅要用专业的运动技术能力作为指导，更要用平等的心态去真诚地对待学生、尊重学生、包容学生，这样才能给学生更多的鼓励和教育。

二、关注学生的状况，及时伸出援手给予帮助

李俊伟父母晚上要上晚班，但他们得等孩子回来吃完晚饭才能去上班。他们经常会因为孩子训练回家晚而耽误吃饭时间，最终上班迟到。孩子只能被迫提出要退出排球队训练。了解具体情况后，我们跟教练沟通，最后决定让李俊伟提早半小时结束训练。

及时关注学生的思想状况、帮助学生解决学习生活的难处、让学生安心训练、让家长放心把孩子交过来训练，是我们在排球队的组建、发展过程中一直秉承的原则。作为带队教练，我每周都要到排球馆了解队员们最近的出勤情况和训练状态等，一旦有学生出现了特殊情况，我会及时关注并帮助他们排忧解难。

三、抓住契机，加强排球队的凝聚力建设

利用比赛激发学生的斗志，加强球队成员之间的凝聚力；不失时机地提醒他们训练必须踏实，没有刻苦的训练就不会有好的比赛成绩；取得好成绩时给队员奖励；鼓励在比赛中没有上场的队员和比赛失败后痛哭的队员；与兄弟学校球队多组织比赛；磨炼技战术水平和运用水平；强化队员的训练热情……这些都是我作为教练应该认真贯彻和落实的。经过三年的打磨，我校这支团结、上进、敢于拼搏和挑战的球队终于成型。他们在球场上胜不骄、败不馁，面对强大的专业排球队也赛出了风格、赛出了水平，展现了良好的精神风貌。再也没有急功近利，再也不会抱怨畏缩，争取接好每一个球。认真防守、积极组织进攻，不放过每一个机会球，认真对待每一分……他们的球风更稳了，心态也更加积极、成熟了。

一支排球队就是一个盛满水的木桶，每一个队员的心理、情绪、训练成绩和比赛状态都至关重要。青春期的男孩子处在争强好胜、爱面子、讲义气的特殊时期，教练的思想教育方式方法很重要。既要解决问题又要尊重他们的心理状态和变化，灵活机动、因人而异尤为重要。而孩子们也通过努力在比赛中展现了自己的拼搏和实力，他们犹如那雨后的彩虹，绽放出青春独有的绚丽多彩。

（陈为为）

17　打开"心结"，1+1 > 2

"教练，我的搭档进攻能力太弱啦，比赛中很难直接得分，我没办法跟他配合，能帮我换一个搭档吗？"这是在我们组队参加2014年上海市15届青少年运动会沙滩排球比赛集训中的一次队员谈话时，队员A跟我们教练组提出的请求。

A队员是我们队中技术较为全面的队员，进攻能力尤为突出，好胜心强，非常渴望摘得此次赛事的金牌，但他有时会在比赛细节中犯错误。而跟他一起的搭档因寒假集训受伤停训了一段时间，进攻技术、体能都稍逊一些，但在比赛中较冷静，阅读比赛能力较强，防守较全面。我们教练组也是充分考虑了两位队员的特点后，将他们进行组队的。然而，组队后我们也遇到了诸如队员磨合度不够、配合度不高等很多问题。甚至，两位队员在比赛中因为进攻问题起争执，这种争执蔓延到日常的训练和生活中来，就出现了文中开头这一幕。

为了调节队员间关系，不影响此次赛事的备战，我们教练组利用防守训练中的休息时间，跟两位队员分享了木桶原理和斜木桶原理：一只木桶能盛多少水，并不取决于最长的那块木板，而取决于最短的那块木板，即木桶原理；把木桶放置在一个斜面上，木桶倾斜的方向的木板越长，则木桶内装的水越多，即斜木桶原理。然后，我们帮他们分析了各自的技战术能力短板和优势，鼓励他们利用这段集训时间进行有针对性的提升训练。两位队员听得非常认真，频频点头，在偶尔相互对视一笑中，默默地按下了共同加油的决心键，在接下来的防守训练中变得非常投入。

集训的时间过得飞快，炎炎夏日催落了队员们额头上的汗水，也磨炼了他们拼搏向上的意志品质。他们那浅褐色的肤色，像凯旋骑士身上的盔甲在诉说着昨日的拼搏和付出；他们那棱角分明的肌肉线条，预示着他们的技术日臻成熟；他们在训练场上不断的呐喊声、相互加油声，透露着他们对比赛的渴望、自信以及彼此间与日俱增的默契感。

市运会比赛就在眼前了，我们教练组在比赛前组织他们一起观看了2004年雅典奥运会女排决赛视频，让队员感受决赛的氛围和女排队员不放弃、敢拼搏、相互鼓励的团队精神。当画面定格在全体女排队员登上领奖台，国歌响起的那一刻，整个会议室沸腾了，队员们仿佛置身于颁奖现场，化身为女排中的一员，激动的泪水很快打湿了每一位队员的眼角。我们教练组也以此为契机，鼓励他们在比赛中要学习女排精神，相互协作，团结互助，共同进步。

上海市15届运动会沙滩排球比赛哨声响起，队员们在赛场上呈现出崭新的自己：面对得失分时，相互埋怨、指责的场面没有了，取而代之的是相互鼓励和加油的呐喊声或眼神。看着他们在赛场上挥洒汗水、享受比赛的样子，我能清楚地感受到之前埋在他们心中的那个结已打开。

随着决赛终场哨音的响起，我方赛场一片欢腾，听到他们倒在赛场上发出的胜利欢呼声，看到他们经过刻苦训练相互协作而夺冠后的样子，看到他们登上最高领奖台的身影，看着一块块金灿灿的金牌挂在他们胸前，看到他们快乐的合影……那一刻，我们教练心中那块石头也终于落地啦！ 1+1 > 2，我们终于做到了！

（冯尚欣）

18 蚂蚁团队的启示

中午艳阳高照，篮球在球场中圈内被裁判高高地抛起，场内的双方球员们紧紧注视着篮球抛向空中时的运行轨迹，场外的观众想要看到究竟

"球落谁家"，哪一方率先展开进攻。

　　这是一场学校初二年级男生篮球赛的第一场比赛，二班对阵一班。开场后，二班队员首先获得球权，小枫同学持球进攻，他是我们二班的明星球员，球技精湛且身体素质出众，其他同伴积极跑动，与对方防守队员周旋，寻找合适的进攻机会，期待着接到小枫同学的传球。突然，小枫同学一个变向过人，上篮得分，全班同学欢呼。第2次、第3次、第4次及后面的几次进攻，小枫同学无一例外选择了这种"一条龙"的方式完成进攻，全部得分，本方比分领先。场外"二班二班，必胜一班"的加油声震耳欲聋。对方立马请求了暂停，调整战术，而本方队员则围在一起，都在夸赞小枫同学。再次上场，对方派了一个体能极佳的"奇兵"全场紧逼小枫同学。很快，小枫同学的"一条龙"进攻失去了作用，紧接着就是他一次次投篮失误和对方反击得手，比分一下子落后。渐渐地，本方球员跑动也不积极了，并开始抱怨小枫同学只顾单打独斗，不传球。比赛最终以二班失败告终。二班队员们垂头丧气，一言不发，呆坐在场地上……这一场景，我看在眼里，虽然气氛有些低落，但我心想：教育的大好时机来了。

　　当天下午，我临时调整了二班体育课的内容，由室外转入室内，准备了一节主题为"团结协作的力量"的体育理论课，想要引发孩子们对这次惨败的深度思考。

　　一、我们为什么会输——故事导入，历史可鉴

　　课上，我先以《三国演义》中的三次经典战役的战果分析作为引入。"官渡之战"，袁绍刚愎自用不听劝谏，导致其似乎稳操胜券的几十万大军被曹操的几万兵打败；"赤壁之战"，曹操也犯下与袁绍相同的错误，最终败北；"彝陵之战"，刘备一意孤行，结果是搭上了性命。历史可鉴，我让同学们思考与分析：今天我们班为什么会输球？同学们七嘴八舌，依然有很多抱怨声。

　　二、我们怎么才会赢——图片分享，自然揭秘

　　看到同学们依然沉浸在输球的丧气中，我又把准备好的蚂蚁分工合

作的图片展示给同学们。蚂蚁是最典型的社会昆虫，所有的蚁科都过社会性群体生活，一般在一个群体里有四种不同的蚁型：蚁后、雄蚁、工蚁、兵蚁，它们具有明确的劳动分工系统。"蚂蚁分工，可以完成不可思议的任务，那对于篮球比赛，队员们是不是也应该有所分工呢？"我抛出了一个问题，此时班级里一片寂静。突然，有同学发言，"小枫同学应该多传球给其他人，小田同学投篮就很准，应该多给他球""这样可以节省小枫同学的体能"。同学们开始各抒己见，"这样小枫同学就可以通过跑动获得更多的进攻机会""我们是一个团队，应该相互信任，多沟通不抱怨"。我终于听到了我想要的答案。正在这时，小枫同学突然站了起来，说："今天的比赛输了怪我，篮球是一项团队运动，小田投篮准，小赤有身高，小木有速度……"听到他把队友的优势都分析了一遍，我欣慰地走过去，拍了拍他的肩膀，班级里响起了掌声。

三、我们如何深入理解——现身说法，团队力量

最后，我给同学们播放了一段姚明的首部纪录片——《团结协作，砥砺前行》。片中姚明说："篮球不是一个人的游戏，一个强有力的团队是取得胜利的基础。当你把球传给别人，看到队友将篮球稳稳地投入篮筐；当你正面对严密的防守时，看到队友及时的挡拆，那时候你会感受到团队的力量。"看到这里，我向同学们提出倡议："篮球真正的魅力就是团队分工协作！下一场比赛，我们一定要发挥每一个人的所长，实现五人相加大于五的效应，去感受信任、享受比赛、释放力量好不好？"班级里又一次响起了"二班加油"的齐声呐喊。

第二场比赛对阵三班，二班的队员们积极跑动，运球、传球、投篮，团队分工，合理进攻。双方比分胶着，最后5秒钟，二班球权，还落后1分，场上二班的四名队员将信任的眼神齐刷刷地投向了小枫同学，小木把球果断地传给了小枫，小枫接球后第一时间出手投篮，"唰"，2分命中，比赛时间到。二班赢了，四名队员紧紧地抱住小枫，全班同学为胜利欢呼，为小枫欢呼。

正是这种蚂蚁团队相互信任又分工互助的精神，让二班的队员们感

受到了这种强大的力量，一种势不可挡的力量，过程中的失败毫无关系，只要信任在，团结在，力量就一定在，成功一定随即而来。

（何明）

19　"坏孩子"？"好孩子"？

位于黄浦区的蓬莱路第二小学的后门有条文化老街，因庙宇集聚文化、教育元素得名文庙，每逢节日举办市集，大量工匠、艺人都会聚集于此摆摊设棚展露手艺。最能吸引我的是捏泥人，几十秒间，艺人就能让没有气息的彩泥变成具有生命灵动的作品。

文中的孩子叫小 Y，他是我在教二年级时产生交集的一名学生，至今每每想起都还让我无法忘怀。

第一次上体育课，游戏活动中我发现同学们看不起小 Y，没人和他做朋友，没有小组愿意接纳他一起做游戏，他只能孤独地在一边旁观，望着他无助的目光，我感到我的教育言行显得无比的苍白。

和班主任打听后才了解到他 IQ 测试偏低，故语、数、外三门功课的成绩在个位数徘徊就不足为奇了。不仅如此，他做错了事，也不承认，爱贪小便宜，经常拿班里同学东西，不但自己不学，还经常干扰周围的同学，扰乱正常的课堂秩序。在老师和同学的眼中，他被认定是个无可救药的"坏孩子"。

面对这样的孩子，我陷入了沉思，如果这样的状况一直延续，我担心会对小 Y 的身心带来很大的负面影响，使他越陷越深。这时，我脑海中闪现了泥人的场景，没有生命的彩泥尚且能在艺人的手中重生，何况是具有生命的孩子。我涌现出想尝试改变小 Y 的念头。

"一个人的课堂"

改变应从何入手？我发现小 Y 不会跳绳，在老师面前还能练几次，老师一转身就"偷懒"，学练了两个月跳绳成绩还是 0。对了，就从学习跳绳入手，从培养他的毅力入手。

我们两人商量制定了跳绳行动计划，第一阶段学摇绳和手的配合，我亲自监督完成的次数，每次完成他要填写记录表，我会说上一句"不错"鼓励他。从他的表情我内心知道，他学练跳绳是在极不情愿的情况下进行的，迫于我的压力而被动地学习。一天、两天、一周、两周，我们就这样坚持着，两个月后他终于能完成1个跳绳动作了，我记得很清楚，那天他特别兴奋，还笑了。我还和往常一样，"不错"，只是多加了摸头的动作。第二阶段是学练摇绳和脚的配合，监督人由我换成了班干部和同伴，我只是不定期地抽查，一个月后他能跳两个了，表扬语言也由"不错"变成了"还可以"和拍肩膀的动作。之后的练习由他根据计划表进行自主练习，记录表还是要填的，只是每周我会帮助他考核一次，看看进步的幅度。现在他一分钟能跳50多个，虽然和其他同学相比还有不小的距离，但和自己原先相比已是一个飞跃了。关键是他体会到：成功是一件令人快乐的事，通过辛勤付出后超越自我的成功更快乐，要想获得成功是需要努力和坚持的。

望着他灿烂的脸庞，我想起了阿德勒的《自卑与超越》的电影，不管有无器官上的缺陷，儿童的自卑感总是一种普遍存在的事实，唯有超越自己，才能看到愈来愈清晰的未来。

特殊的体育"小卫士"

如何让小Y融入团队，让同学接纳他呢？首先，我设计多种机会和他交谈沟通，让他知道老师喜欢怎么样的小Y；其次，挖掘他的优点，及时在全班同学面前表扬，建立起他在班中的地位，让他感受到老师在意他；最后，当这种方法在他身上取得了一些效果后，为他定制了体育"小卫士"的荣誉岗位，"小卫士"既要负责体育课之前的整队和器材收放，更要在队列中做同学们的榜样。这对小Y来说不仅是一份职责，更是一份信任。刚开始，同学都对老师的做法表示怀疑，但渐渐地看到小Y认真的眼神和积极的行为，同学对他的态度也产生了改观。虽然他偶尔还会犯错，但只要看到我的眼神和手臂上的卫士标志，他就会及时地改变行为。一段时间后，小Y取得了非常大的进步，原先身上的坏毛病不见了，除了先天不足，可以说他已经成为一名合格的小学生，而且是一名可爱的、关心集体的小学生。

"坏孩子"与"好孩子"的故事让我明白了一个道理,不同的学生具有他们独特的世界。作为教育工作者,在育人的历程中应体现的是一种对人的包容与尊重、对生命的理解和关注。

苏霍姆林斯基曾说过:"教育技巧的全部奥秘在于如何去爱护学生。"

作为一名小学体育教师的我始终将这句话铭记于心,用我的爱,为孩子们创造属于他们的未来。

(邵斌)

20　绿荫"蓬超",童心飞扬

迈进蓬莱路第二小学的铁门,映入眼帘的是一条紫藤长廊,长廊尽头悬挂着雕花提示牌,上面写着蓬莱师生引以为傲的四个字——"蓬莱小镇",随牌右转继续前行,就能看到一片静静的、"迷你型"的人工足球场,这"静静"二字一直困扰着学校领导和体育教师。怎样才能让运动场热闹起来?怎样才能让蓬二学子变得"阳光、文明、健康"?

"老师,我能带上足球和同学一起玩吗?"正是这稚嫩的声音使今天的蓬莱小镇足球超级联赛诞生了,我们将它简称"蓬超"。

一、"蓬超"——孩子的赛场

围绕怎样创办"蓬超",学校上下意见不一。听听学生的意见吧:"不能只是老师喜欢的人才能参加""应该是我们自己的联赛,不同年级都能参加""要有队名、队服,总之要和世界杯比赛一样正规"……

在同学们的七嘴八舌中足球赛正式冠名为"蓬莱小镇足球超级联赛",制定了一套特殊的联赛机制。特殊在哪里?举几个例子感受一下吧:"孩子担任足球裁判""每年联赛不少于130场,全年无休,就是文化考试也不影响比赛""行为积分制——联赛对不文明行为说不""决赛固定在六一儿童节"等。

总之,在足球联赛中孩子有充分的话语权,"蓬超"正成为孩子们自己的联赛。

二、"蓬超"——团结的赛场

今天是星期二，上午7:00即将举行三年级小虎队的比赛。

场边发生了有趣的一幕，（3）班队长小吴发现自己班助阵的人数和气势不如对手（5）班，正急着提高嗓门对小王说："小王，你赶紧再去组织些班级同学，最好能让班主任谢老师也来给我们助阵。"

比赛开始了，只见双方啦啦队各自为自己班级的球队摇旗呐喊，加油声、人浪造型此起彼伏。球场间隙更是展示班级力量的舞台，学生原创啦啦操、创意装扮、球迷照片展、"蓬超"现场直播秀等活动纷纷登台，谁也不甘落后。

这只是"蓬超"赛场的一个缩影，只要你来到小镇，每天都能感受这样的足球氛围，它已然成为校园文化一道亮丽的风景线。

三、"蓬超"——勇敢的赛场

足球是世界第一运动，是勇者的舞台。进入蓬二足球精英队的学生必须具备勇者的品质和毅力。

为了提高足球技能和团队战术水平，足球小将们面对炎炎夏日和腊月北风没有一个选择退缩，他们会投入几个小时到紧张的训练中，每场比赛，他们竭尽全力拼搏到最后一刻。他们用百折不挠的体育精神，用"我的球队我做主"的自我管理意识，组成了具有坚强意志的球队。

队员小张在作文中写道，"足球让我感受到了快乐，哪怕皮肤晒黑了，手掌撞疼了，我也不后悔当初的选择，因为'蓬超'让我变成了小小男子汉"。

四、"蓬超"——文明的赛场

2019年，校足球队赴台湾地区交流，孩子们安静、有序乘车，独立整理、携带和搬运行李，外出队伍整齐，文明用餐，球场上敢于拼搏、球场下彬彬有礼等良好行为赢得了对方的一致好评。当他们追问缘由时，我回答他们两个字："蓬超"。

"蓬超"有着自己的赛场准则。例如，场上场下都要尊重师长、裁判、对手、队友等，做到言行举止文明，场下队员有不文明的言语或举动，情节严重或经提醒不改正者，将和场上队员犯规一样被判罚点球和红牌。对于平时在学校、班级中有不文明言语和行为的同学，将取消其参加"蓬超"比赛的资格等。又如，"蓬超"倡议球员们积极参加各种公益活动：关爱自闭症儿童的蓝丝带行动、大爱无疆公益足球赛、拯救伙伴募捐活动等，让孩子们明白帮助他人就是帮助自己的道理。

正是这些充满正能量言行的引导，在孩子们心中播下爱的种子，培育着蓬二的学子不断健康成长。

"蓬莱小镇足球超级联赛"至今已走过近十个年头，它仿佛永远像一根充满奇幻力量的魔法棒，散发出独特的魔力，吸引着蓬二的学子为它着迷、为它疯狂。

（邵斌）

21　懂团结的小陈

"我来我来！""你看我做！""你不会，我来弄！"体育课上常常能听到小陈对组队的小伙伴们这么说。小陈是一个很聪明的男生，学习能力很强，特别喜欢上体育课，但每当需要组队练习时，他的"小毛病"就会在不知不觉中窜出来：非常自我，不太会和同学相互合作。怎么才能帮到小陈呢？我想到了学校的啦啦操俱乐部，那是一个最需要团队合作的地方。

"小陈，有一个挑战，你愿意接受吗？""什么挑战？"小陈兴奋地问道。"学校的啦啦操俱乐部招人了，只有体育最厉害的男生才能加入哦。""我要去，我要去！"看着跃跃欲试的小陈，我已经感觉到胜利在向我招手了。

"下周学校要举行运动会，今天我们分小组进行队形创编比赛，胜出的小组将会参与运动会宣传片的录制，并且宣传片会在大屏幕滚动一周。"话音刚落，孩子们就已经欢呼雀跃起来。"好，接下来我们抽签分组。""小陈和小尤，请你们做临时队长带领各自的队伍进行队形创编，时间是一小时。友情提醒，创编队形一定要注意团队的配合。好，现在开始！"小陈显然没想到我会选他做队长，因为在过去几周的训练中，他和小伙伴们磨合得并不好。虽然单人动作他掌握得很不错，但一到队形练习，小陈的问题就显现出来了。每次队形变换时，小陈因为不关注伙伴们，所以到达自己的位置后，不会调整队形，而且在队形变换的过程中也时常和别的队员撞到一起。小陈悄悄走到我身边略有为难地说："老师，我们队能不能换个队长？""为什么呢？"我问道。"我每次跑队形都会和别人撞到，我会拖大家后腿的。"小陈边说边露出沮丧的表情。"既然你知道问题出在哪儿，并且认为这很可能会影响比赛的结果，那就说明这个问题很严重。为什么不试着打败它呢？要相信自己，老师也相信你。""好吧，我试试。"说罢，小陈就回到自己的队伍中开始了练习。

练习过程中我大半都在关注小陈这一组，这次他让我眼前一亮。虽然刚开始他还能勉强应付，但在成套练习时，小陈的问题很明显影响了团队的表现。就在这时，我听到小陈说："伙伴们，我希望你们帮帮我。看看每个队形，我要怎么跑路线才不会撞到大家。站位时如果我偏了，你们就大声喊我，好不好？"就在伙伴们以为今天的比赛即将以这个糟糕的状态收尾时，谁都没想到小陈会提出这样的请求。大家略带诧异地望着小陈，但片刻后都像燃起了斗志般纷纷点头答应。当看到他们一个一个帮着小陈梳理队形的路线时，当看到站位跑偏的时候边上的伙伴大喊"小陈"时，当看到小陈的表情慢慢由阴云密布到雨过天晴时，我再一次确定他在改变了。

一个小时后，两个团队开始正式较量，而我则在一旁进行录制。统计投票结果后，我向大家宣布："同学们，今天比赛胜出的是——小尤团队。"欢呼声如预期一样在耳边响起。"但是，我想请大家仔细看一下小陈团队的视频。"在播放录像时，我听到孩子们的讨论声："小陈这一次进步好大啊。""对啊，你看他跑队形，都没有撞到别人，而且到位速度很快，好几次队形偏差，他都立马调整过来了。"……录像播完后我来到小陈身边，对着他和他的队员们说道："你们知道吗，在《奥林匹克宪章》的条款中有这样一段话：'每一个人都应享有从事体育运动的可能性，而不受任何形式的歧视，并体现相互理解、友谊、团结和公平竞争的奥林匹克精神。'虽然，这次你们没有胜出，但是我从你们身上看到了奥林匹克精神，小陈也克服了自身的问题，让老师从你和大家身上看到了什么是团结。"说罢队员们纷纷聚到小陈身边，有的拍拍他的肩膀，有的揉揉他的头，有的对他竖起大拇指，他们的眼中只有一种神情——认同。

说一百遍不如做一遍来得有效，而体育就有这样的魅力。这种行动的教育，是用最直接的方式让学生从中获得感悟。自从那次较量赛之后，小陈不管在啦啦操俱乐部还是在平时课上都能很好地和伙伴配合，遇到问题也会和小伙伴们商量着解决，真的是从只有自我意识的小陈变成了有团队意识的小陈了。

（万张燕）

22　挥洒汗水，飞扬激情

"王老师，后天专业公司来对篮球专项课进行数据监测，请发给我学生信息，谢谢！"看到教研员短信，我心里一怔，想到的第一个人便是小蔡，因为他身高186厘米，体重105千克，体质测试成绩只有40分。课堂上，他非常不喜欢出汗，不愿意运动，甚至以心脏不适为由逃避教师督促。后天，市区专家组来校调研评估，通过数据监测查看每位学生运动负荷、有效参与性等，这些数据能直观反映课堂教学的有效性，反映学校专项化工作的开展质量。

小蔡的日常表现情况不佳，怎么办？在纠结中回想：小蔡平时虽懒散，不愿参加练习，但对篮球有一定兴趣，至于身体状况，正好借助实时监控来检验一下，好机会，就这么办！

课前，我找到小蔡，先肯定其优点，告知调研重要性，然后说明有实时监测，身体不适可随时提出。同时鼓励并明确最基本目标——"出汗"！最后请他表态，小蔡略显犹豫点头答应。看着他拘谨的表情，我笑着拍了拍他的肩膀，举起双手和他用力击掌，并说道："好！男子汉说到做到！"

为了避免单个、碎片式教学，我倡导"自主、合作、探究"的学习方式。专项技能中的持球突破技术，我安排跑动、传球、接球、持球假动作等多种单个技术组合练习。基本战术配合的练习，以掩护—突破—分球—上篮（篮板、补篮）的结构式练习，并引导以小组为单位合作学练、创新和展示。所有过程，我不时关注，小蔡在同学的鼓励和带领下逐渐融入其中，完成一个又一个练习。

到了技战术运用环节，同学们自动根据习惯开始组队，小蔡左顾右盼之后慢慢走向场外。"怎么不打？累了吗？""老师，他们人数正好，我又打不好，还是歇会吧。""怕什么？这么高的个儿，你打中锋，老师后卫，打爆他们，上！""来！掩护、接球、强打、篮板、盖帽……太棒了！"小蔡在不断的提示与鼓励下，对技战术的运用由生涩慢慢变得熟练而主动，身高体重优势也逐渐显现，一次次成功的盖帽和篮板也让他防守越来越积极，跳得越来越高。

"好了，你们自己打，老师去别组看看。""三打四怎么打啊？要不一人先休息吧。"刚刚尝到成功的滋味就要下场，小蔡有些恋恋不舍。"别急，三打四也能打，老师定规则，小蔡每次篮板、盖帽都算一分，你们四人可不一定能赢哦。""有点意思，好！"看着四人组商量如何发挥人数优势、打出配合，看着三人组讨论如何改变战术、利用规则，看着小蔡信心满满、镇守篮下的气势，我笑着走向其余小组。

下课了。"嘿！大中锋，怎么样，身体没问题吧？下节课还打吗？"小蔡抹了把汗水说："打！我其实就是懒，身体没毛病，出汗的感觉，爽！""哈哈哈……"我们再次用力击掌……

数据反馈出，在专项准备活动、专项技能、专项体能环节，小蔡的运动负荷都接近班级平均水平。而班级平均卡路里消耗值为658千卡，小蔡居然达到781千卡。课堂评语是"课程运动强度安排合理，学生达到篮球专项化的运动效果，且效果很好"。重视个体差异，引导健康成长，让每个学生挥洒汗水，飞扬激情。这，才是我们的体育课堂！

（王宏华）

23　用心呵护，全力助长

"我不跳了，我就是不跳了！"一声高过一声的叫嚷，让全班同学一下都停住了，在一堂普通的跳箱课上，一名男生甩开边上的同学，愤然夺门而出。体操房内停滞几秒后有的学生开始悄悄议论起来，甚至有的同学开始嘀咕："看，老毛病又犯啦。"……这名同学姓徐，是我任教班级中的学生，个性张扬不合群，每次体育课都游离在课堂之外，即便再三教育，他仍不配合老师上课。由于他是长期将自己置于课堂外的"特殊学生"，也没有同学愿意和他一起活动，因此，他总是独来独往……这样的一个学生我不能撒手不管，任其发展，在之后教学中我要对他更加关注、更加关心，让他在体育学习时，学会与人相处、融入班级、健康成长。这过程中我经历了三个阶段：

一、善于观察、主动走近

在我刚接管他们班级时，徐同学总是游离在课堂之外，不参与课前的整队，练习内容他愿意做的就跟着做几个，不愿意做的就自己到操场的角落去投篮。当多次正面教育对他不起作用后，我开始更多地关注他的言行。在一次横箱课中，他尝试了几次却都止步于横箱前，我看出了他想学的意愿，但又因为胆怯过不了横箱，眼中闪烁着无助。我想，机会来了！课后，我走近他，问道："你很想跳过横箱，但心里害怕是吗？"他还是那副张扬的样子："要不是中考项目，我才不去跳这个东西呢！"我说："你只要想跳过去，老师一定有办法帮你！"此时我看到他眼中闪过一丝疑虑，但口气明显缓和下来："你怎么帮我呀？我不是跳不过，只是怕！"虽然知道他只是嘴硬，但我也不和他计较，而是让他放学后到体操房找我，他点头同意了。教学需要观察，有了观察才有发现，从而发现问题，并解决问题。在教学中需要多方面关注每一位学生的身心状态，关注每一位学生的发展。

二、热心帮助，真心呵护

在他来之前，我已在体操房摆好了小型硬垫和低箱。他一来我就让他慢跑热身后在垫上做外八字腿部拉伸，然后转做垫上分腿定型动作。先进行原地撑过硬垫，再进行助跑过硬垫，垫子减轻了他的恐惧感，他很顺利就助跑支撑过了垫，有了一点信心。再转向低箱，同样经历原地撑过箱的体验后，进行助跑踏跳。第一次尝试他还是在踏跳后紧急制动，没有过箱，我知道他还是心理上有不安全感，于是就站在低箱前，告诉他："你只管做好动作往前跳，老师会抓住你的上臂扶你过去的。"再一次尝试的时候，他毫无困难地顺利过箱，我看到了他成功后的喜悦感。有了第一次的成功之后，自信从此打败了恐惧！教学需要互动互助，精彩互动的多样化教学方式是激发学生学练兴趣的源头所在，热心主动的真心呵护是体育教学用心育人的真实体现。

三、细心引导，助力成长

尊重求异思维，在课堂教学中放低姿态，关注每一个学生的差异，接受每一个学生的个性，挖掘学生心灵深处的宝藏，让我得到了意想不到的收获。我对徐同学的"特殊表现"加以正确引导，在尊重其个体特性的同时，发现其"闪光点"，及时调整教学策略，因势利导对其进行引导教育，因此收到了"事半功倍"的效果。

从这个案例可以看出，善于感知学生的心理，以陪伴者的姿态去关注"特殊学生"，帮助其树立自信，以积极有效的方法去引导教育，让学生感受到学习环境的温暖，这些需要一线教师运用智慧进行教学，采用多样化教学方式引导教育"特殊学生"。徐同学克服的不仅是一个"横箱"，还有对未知事物的恐惧，跳过"横箱"就是他打开内心世界的第一步。

（徐玉麟）

24　有一种力量，叫作"我们"

热身活动过后，长绳练习即将开始，我把全班孩子叫来集合，提出了这节课的挑战任务。"今天，我们的长绳合作完成3轮8字算挑战成功，成功即可获得一张特权卡。"孩子们一听"特权卡"，个个都挑起了眉毛，竖起了耳朵。我继续说道："特权卡可以换取自主进行足球或者篮球的球类练习。"话音刚落，孩子们一阵欢呼，纷纷摩拳擦掌、跃跃欲试。

平日里男生们一听要跳绳就像霜打的茄子一样无精打采，这次竟然这样积极主动，个个眼睛里冒着一股劲儿，呈现势如破竹之态，作为老师，我欣喜万分。万事俱备，只欠东风，他们会用什么样的方法一同夺取胜利呢？我满心期待着他们的突破和超越。

小7是一个先天运动能力较弱的孩子，他每一次都非常努力认真地想要穿越长绳，可总是慢半拍，或是双脚落地踩住长绳，或是身体触碰到了绳子，一次又一次地打破团队穿越长绳的连贯性。他的每一次停顿，都会带来同伴们的叹息和埋怨，他只能低着头，羞愧懊恼地回到队伍的最后。

看到这个情况后，我暂停了男生队的任务，把他们叫了过来："我们要帮小7找准跳进去的时机！"男生们似乎瞬间都被我的这句话点醒了，默默地点了点头，表示赞同。

男生们再次回到了起点，但这一次，他们不再是像刚才那样没有任何交流地自己管自己穿越长绳了，他们互相鼓励着，特别是在小7准备跳的时候，同伴们都大声地为小7喊着节拍："加油小7，准备了！ 1——2——3——跳！"这次小7肩膀碰到了甩动的绳子，但能看到他离成功越来越近了。只见同伴们都在说："没关系，没关系，小7你再来一次，加油！"小7这次没有回到队伍的最后，而是顺应着伙伴们，跑回到甩绳同学的身边，准备再一次挑战穿越长绳。男生们的加油声更响了，把隔壁女生们也都吸引了过来，大家都在为小7加油，一起为他喊着节奏："1——2——3——跳！"这一次，小7跟着大家喊出的节奏，成功跳进了甩动中的长绳，并且没有碰到绳子。"太棒啦！太棒啦！"全班的孩子们欢呼雀跃起来。小7奇迹般完成了两个长绳的跳动，几个兴奋的男生更是跑过去抱住小7跳了起来，此时的小7露出了害羞和喜悦的笑容。他也一定很意外自己竟然穿越了长绳。

我再次把孩子们集中在一起，进行了点评。"杨老师今天要给同学们点赞！不仅仅是因为大家提高了跳长绳的技能，还看到大家在团队学习中种下了'合作'的种子，练习中大家也充分体验到了合作学习的喜悦和乐趣。在今后的学习中，大家要善于运用团队的力量，让'合作'的种子更好地生根发芽，这也是老师所期待的！期待下一次长绳练习课，我们，一起加油！好吗?"这个时候，下课的铃声响起，一声响亮的"好，我们!"久久地回荡在操场的上空……

我相信，孩子们今天的体育课，不单单提高了跳长绳的运动技能，更是在运动中懂得有一种团队的力量，叫作"我们"！这是教育留给孩子们最有价值的东西，这才是教育的魔力！

（杨婕）

25　蜕变

曾经，她是一个胆怯的女孩，身形微胖，运动能力极差。如今，她阳光开朗，还担任了区少体校的女子举重教练。那么，是什么让她蜕变成一个体育工作者呢？这一切要从一节体育课说起……

"老师，我的动作做得怎么样?""老师，我翻不好，总是滚偏。""老师，老师，我前滚翻分腿起没有办法起来，好不容易起来了，两条腿像青蛙一样，伸不直，为什么?"体育课上，同学们都在热火朝天地练前滚翻分腿起这个动作，可是有一位学生，久久站着，根本不敢迈出第一步，脸上也露出无奈与畏惧的神情。她就是我曾经的学生，也就是现在的谭教练。

很难想象，如今肩负着培养青少年举重运动员重任的谭教练，以前竟然是一个不折不扣的体育后进生，而她的蜕变源于一节体育课，一个有责任感的体育教师的一句鼓励、一个眼神、一份关爱、一种信念，或许就这样一点一滴，改变了她的人生轨迹。前滚翻分腿起的动作过程非常短暂，如何让学生在这么短暂的过程中感知动作方法，体会完整的动作概念；如何在转瞬之间，抓住动作的关键点，解决学习过程中的易犯错误动作；如何帮助像小谭这样胆怯、害怕、不敢做动作的同学呢？如果体育老师不负责任，听之任之，那么像小谭这样的学生，可能就始终无法完成这个动作。

随着前滚翻分腿起教学的逐渐深入，大部分学生已经能够熟练掌握动作，我开始反思：如何能让小谭同学更快地了解动作原理，提高课堂效率？如何让小谭同学从不敢做动作到成为学习的主动参与者？经过反复推敲，我针对小谭同学的身心特点，为她量身定制了几个学习前滚翻分腿起动作的方法和手段。

1. 降难度，多鼓励，树信心

针对小谭同学的身心特点，我决定降低教学难度，加上语言鼓励的激励机制，让她消除恐惧心理，树立学习信心，从而战胜自我。我辅导小谭同学从在垫子上练习团身滚动到学会前滚翻团身起，从向前滚动快速分腿压脚背起到学会利用斜坡前滚翻分腿起动作……过程虽然艰辛，成绩却很喜人，小谭同学的努力与付出得到了回报，她变得更加勇敢，也逐渐掌握了动作要领。

2. 拍录像，观视频，促兴趣

给小谭同学拍学练视频，能起到及时反馈的作用。观看自己的动作视频，有助于小谭同学清楚地了解自己的掌握情况，及时发现并纠正存在的问题，提高自己的动作质量。同时，视频录像的形式也培养了小谭发现问题、解决问题的能力，提高了她对垫上运动的学习兴趣，她不那么腼腆与胆怯了。

3. 做图册，观动图，明原理

我把同伴们正确的动作拍摄下来，制作成相册，送给了小谭同学。分解动作图册让小谭能直观地看到各个瞬间动作到底发生了什么，这一举动让她感到无比温暖，当老师不在她身边指导的时候，她可以通过翻阅图册，分析问题，明确动作原理，从而解决问题。这本图册让小谭培养了主动学习的能力，可以说是"功不可没"。她再也不是那位傻傻站在边上的胖女孩了。这件礼物，充分调动了小谭同学的主动性，经过一段时间的学练，她熟练地掌握了前滚翻分腿起动作，并且逐渐成了一个体育积极分子。

前滚翻分腿起虽然只是一个简单的动作，但小谭同学因为这一动作树立了对体育学习的信心，她爱上了体育课，爱上了体育运动。后来，在一次体校举重教练选材时，小谭成功被选中，从此她与体育运动结下了不解之缘，经过几年的刻苦训练，小谭同学取得了骄人的成绩，大学毕业后，她成了体校女子举重队的教练。

体育教师的一言一行影响着学生的一举一动，或许这就是体育的魅力。体育教学中一句不经意的鼓励，哪怕是一个鼓励的眼神，都能激发出孩子的巨大潜能。体育教师教书育人的过程，看似简单，实则蕴藏着人格魅力，倘若我们在日常体育教学中更务实一点，更有耐心一点，那么我们的孩子中就会多一个像小谭这样出色的人，孩子们未来的人格体格也会更加健全。

（张建强）

26　"孤僻的怪人"

"同学们好！""老师好！"这是我跟高二（5）班同学们的第一声问候、交流，接着我做了一个简单的自我介绍，相互认识，当我点到小金名字的时候，却迟迟没有声音，随后体育委员告诉我："老师，他经常这样不见人影，不仅是体育课，有时候文化课也是这样。"其余同学也纷纷附和："是啊，老师，他脾气很古怪的""老师你不用理他，我们都不跟他一起玩的""前两天的数学课他还和数学老师吵架呢"。正在这时，小金同学双手插兜，在这些此起彼伏的声音中缓缓地走了过来，我不知道他是否听到了同学们对他的种种评价，但他脸上的表情，充满了不屑，他径直走到了第一排的最后，依然双手插兜懒散地站着。接手这个班级时我做了一点简单的了解，对他的行为也知晓一些，所以对此并没有过分惊讶。

随后我就开始了当日的教学，由于男孩子普遍对篮球感兴趣，所以这节课我就安排了篮球实战中的掩护内容。在学练中，同学们的热情高涨，通过分组学习、相互的合作交流，同学们的进步都很快，但在整个过程中，小金同学一直默默坐在操场的一角，那种不屑的表情，仿佛有一种生人勿近的感觉。我走上前去问道："小金同学，你怎么不跟你们小组的同学们一起练习？"他看了我一眼，告诉我："我觉得他们很傻，不想加入他们！"随后就又走去另一个角落，静静坐着看着同学们，仿佛若有所思的样子。课后，我还是跟小金同学强调了一下课堂常规，但他却用一种很冷的语气告诉我："我爸妈都不管我，我以前的老师也不管我，你凭什么管我，我想怎么样就怎么样。"随后他就往教室方向走去。

我没有着急回办公室，而是去找小金同学的班主任陈老师具体了解他的情况，陈老师告诉我："这孩子就是这个样子的，他爸妈时常不在家，他基本上都是一个人生活，我跟他爸妈也沟通过，也都是没有结果，我也没有办法了，只要能让他别影响其他同学学习就好。"随后我在网上查找了一些相关资料，也请教了办公室经验丰富的老师，得到了很多很好的建议。

在随后的体育课上，我邀请他帮忙摆放一些标志桶等教具，果不其然，在第一次、第二次的课上，他都拒绝了我，但这并不能影响一个体育老师强大的决心。第三次，我照例问他，这次他没拒绝也没答应，我也就习惯性地开始自己摆放了起来，没承想随后他居然拿着标志点走了过来："这个怎么放？放哪里？"我跟他讲完后，他就走过去开始摆放了起来。让我没想到的是，当同学们训练完后，他居然默默收完了所有的教具。集合整队的时候我将此事告知了同学们，并且表扬了小金同学。同学们纷纷看向他，他似乎是为了躲避同学们炽热的目光，便转身过去，突然有一个同学说道"谢谢小金同学"，然后全班同学鼓起了掌。他转了过来，眼神有了一丝变化，没有了眼底的不屑，也许是感动了。我心中暗暗欣喜，有效果了，我要继续努力！

后来的体育课上，小金同学开始和大家慢慢有了交流，有时也会加入大家的分组练习中去，态度也不再冷漠，脸上也出现了一丝丝笑容。

然而真正的转折点是我们学校一年一度的篮球赛，那是学校每年夏天都会举办、同学们参与积极性非常高的比赛。我在日常和小金同学交流中得知，初中时他父母帮他报了篮球培训班，并且还出去比赛拿到过很好的名次，所以我将此事告知了体育委员，让体育委员邀请他代表班级参加篮球赛。原本我还有些许顾虑，担心他不会参加也不会和同学们磨合，但当我看到他放学后独自在操场上练球，中午和同学们一起练球想要为班级赢得集体荣誉时，我突然觉得眼前这个孩子成长了！他用他的努力，找到了朋友，走进了这个集体，他就是团队中的一员，不可或缺。他不再是同学们口中的"孤僻的怪人"，也许他本来就不是，此时的他，只是做回了那个乐观开朗合群的自己！

（张小娟）

27　还想回母校打场球

经过多年的学习与实践，我们深刻认识到体育不仅有锻炼身体、增进健康之功能，还具有促进形成正确的价值观、培育良好道德品格之育人价值。许多人也许会问，体育对一个人的成长真有这么大的作用和帮助吗？体育真的能让学生在中学阶段有所收获并受益终身吗？体育真能通过一节节的体育课和一次次的体育比赛活动，让学生达到家长所期望的身心共健之效果吗？体育教师又该如何诠释体育的育人价值，成为孩子身心健康的守护神呢？这样的问题，一直伴随着我走过了20个年头体育教学的风风雨雨，也送走了一批批学成毕业并升入高等学府继续学习的孩子们。

这20年间，有许多孩子身上的体育故事让我记忆深刻，而最近发生的，当属2020届毕业的小周同学了。高中三年，他怀着对体育的一腔热情，从排球"素人"成长为校排球队队长，经历过问鼎区阳光体育大联赛的狂喜，也遭遇过输球的沮丧。即将去中国科技大学报到前，他特意又回到母校看看老师，约上好友们打了一场排球。

回想起最初认识他，是三年前他刚进高中时来办公室找我的那次谈话。记得那天他带着激动而严肃的口吻对我说："陆老师，学校为什么只有女排校队而不成立男排校队？我想成立一支男排校队并担任排球队队长！"对于他这样的问题当时我还真答不上来，我们上海中学确曾有过男排的传统，但在过去的20年里，传统失传，学校已没有了男排校队。于是我便问他："组建男排你有何想法和目标吗？""我想为学校拿一次冠军！"小周同学毫不犹豫地回答道。当时，我在稍有吃惊之余转而一想觉得，作为一名体育教育工作者我应当保护孩子对体育的这股热情，但作为教研组负责人，对于校队的事情我还是应该把持住应有的标准。于是，给他提出了较为苛刻的条件：1. 组建一支不少于10人的男排队伍；2. 能保证每周固定的训练时间；3. 每次的出勤率不少于90%。如有一条满足不了，就只能是学生体育社团。谁想小周同学在一口答应之后也给我提了三个更为"苛刻"的要求：1. 为男排配备专业的排球教练；2. 保证男排训练的场地不和女排冲突；3. 陆老师要时常关心男排的动态。多年来，对于孩子们在体育上的要求，我都是全力支持的。就在这次简短的谈话之后，学校男排的征程便拉开了帷幕，一群热爱排球的男孩子没多久便在小周的召集下聚集到了一起，我也为他们安排了专业的排球教练并时常关心他们。

但从零开始的队伍要迅速成长起来是极其不容易的，小周同学从一名排球"素人"到挑起一支球队的担子，在教练与队员之间忙前忙后，尽心尽责，积极主动地投入到自己所设定的个人规划与目标的过程中。可第一年的比赛却事与愿违，男排在区阳光联赛的预赛中惨遭淘汰。事后他哭着来找我谈心，通过排球队的训练与比赛，他认识到自己处事急躁的坏习惯，赛场上也很自我，不能很好地和队友一起配合，却时常埋怨队友，更别说带领好一支队伍了。我耐心地告诉他，这就是参与体育的魅力与价值所在，要学会处理好个人和集体的关系，要在紧张与逆境中锻炼自己的心理素质，要多换位思考，体会队友的感受和需求，要从多方位的角度严格要求自己并成为这个团队的引领者。

在我积极地鼓励、关心和支持下，小周同学继续投入到排球队的训练中，他逐渐学会了关注和发挥每一位队员的长处，积极配合教练的训练工作，克服自己易紧张急躁的情绪，以身作则，默默地为整支球队服务。更可贵的是，作为一名上海中学的学子，他在自己平衡好学业和运动之间的关系以外，还主动热心帮助球队中学习有困难的同学，分享自己的学习方法和学习笔记，帮助大家一起进步。功夫不负有心人，高二下半学期，这支白手起家的排球队通过一年半的刻苦训练与拼搏，在区阳光体育大联赛中连胜五场，终于捧杯。为此，小周同学在接受某报记者采访时感叹道："无论是人际关系、责任感、胜负心，排球给我的改变太多了，它教会我首先要严于律己，才能带领队伍前进！当然，人生不可能一直赢，只要保证自己做得比别人好一点就行！"小周同学说，从球场上悟到的哲理，将始终伴随他前行。

鲜活的事例告诉我，体育教学与活动之中蕴藏着丰富的育人资源，只要做好德育的有心人，定会体现很高的育人价值。对于孩子们的运动热情，体育教师的工作既可以是一种陪伴，更可以是一种创造。为了建设一个新时代，我们需要更多富有激情、敢于创想的青年人。今天，历史赋予我们的学校体育以新的使命、新的呼唤和新的要求。唯有我们体育教师都肩负起这份责任与使命，才能在平凡的体育工作岗位上，为孩子们不平凡的人生创造良好的基础。

（陆辉）

28 情"竞"交融 快乐律动

"这堂韵律操课大家可以自由组队，一起来学习韵律操……"

在一堂面向三年级学生的韵律活动课程中，我想在实现体育教学目标的基础上对学生进行德育方面的引导，让他们能够拥有综合、全面发展的潜质。自由组队的第一目标是培养学生的社交和合作能力，不出所料，很快学生们纷纷组成了各式各样的队伍，组队方式也毫不出乎意料，关系好的小伙伴们自然而然地加入了同一队伍中，以往在韵律操课堂上表现较好、学习能力强的学生也很受欢迎，各个队伍纷纷邀请他们加入，颇有目前各家创业公司求贤若渴的风范。

在之前的体育课程和日常生活中我非常注重学生在礼仪上的建设，这也是本次课程中第一个体育与德育教育结合程度的成果检验。可以观察到在组队的沟通过程中同学们在这一方面做得相当不错，无论是否组队成功都充分运用了握手和拥抱等各种释放善意的礼仪，语言方面也能够使用"请""拜托"等非常恭敬和礼貌的用语。这是一个良好的开端，也是日常综合素质建设开出的花蕊，虽然还很稚嫩，却让人充满希望。由此可见，经过日常教学的潜移默化，"以体育人"在礼仪方面取得了良好的效果。

出于观察学生最真实想法的考量，我完全没有干涉他们的组队过程，难以避免的是，最后有几位平时比较内向的学生暂时没有找到归属的团队，略有失落的情绪。这正是进行"以体育人"教育中第二个重要环节——爱与包容的德育教育的良好时机，暂时没有找到团队的学生此时不可避免地会感受到失落，自身会产生相当负面的影响。此时教师就需要引导已经完成组队的学生带着更为积极主动的心态扩大自己的社交范围，提升自己接受新伙伴的包容力，指引小伙伴们迅速平稳度过最初的磨合期，这对教师来说是非常大的挑战。如果以教师的身份直接告诉学生怎么去做，虽然可以迅速解决眼前的问题，但是学生只会被动接受这一结果，而无法自行感受到什么是爱与包容，暂时没有找到队伍的同学也会误以为小伙伴们仅仅是因为老师的要求才接受自己。因此，我决定通过引导让他们自己进行独立思考。

"大家还想不想继续'招兵买马'，增强自己的队伍呀？还有很多小伙伴有自己关于韵律操的'独门秘笈'哦！"我没有直接提醒已经组队的学生们忽视了一部分小伙伴，也避免让这些没有找到队伍的同学感到自己被大部队"遗忘了"，而是让他们通过自己的思考接收到类似的信息，并主动完善整个组队过程。

"欢迎来我们组！""我们真诚地邀请你加入，大家一起学习进步！"……各个队伍纷纷向剩下的小伙伴们发出了邀请，原先还略感失落的学生很快陷入了"幸福的烦恼"——选哪个队伍好呢？

整个组队的过程对学生初步体会到体育精神中的合作部分也是非常重要的，即使单论体育教学本身，如果进行高水平合作，相互学习提高也是非常重要的一环，在德育教育中对彼此的包容、接纳和关怀更是学生的人文素质建设的基石。

组队完成后，我也充分尊重学生渴望胜利，不断提升自我竞争力的天性，只要正确加以引导，学生完全能够理解竞争与合作的对立与统一，这也正是"以体育人"中最核心的本质——体育精神的塑造。学生们通过沟通和交流很快克服了生疏感，每一个人都作为队伍乃至整个集体的一分子积极投入其中，不但结交了新的朋友，而且通过小组展示的形式，互相鼓励，掌声赞美声此起彼伏，在增强了团队合作意识的同时，整个班级的凝聚力也大大提升。几位之前还因为没有迅速找到队伍的小朋友表现得尤为积极出色，集体的温暖充分激发了他们的潜能。在体育方面，由于新鲜血液的引入，大家也各自学到了彼此的长处，开拓了新的思路，大大激发了学习兴趣，突破了传统模式下，老师一个人示范，学生模仿的局限性。

课程结束后，大部分小伙伴都结识了新的朋友，即使课堂上所展现出的韵律操完成度已经大大超出预期，大家还是希望百尺竿头更进一步，相约放学后乃至周末再一起学习切磋韵律操。看着学生们兴高采烈的样子，我认为这堂课中他们所收获的体育德育与礼仪等方面的综合能力必将对未来的发展起到积极作用。

（李思嘉）

29　拯救"精英"计划

从教5年来，"以体育人"一直是作为体育教师的我心中崇高的信念，也是引领我前进的一座灯塔，默默陪着我耕耘于每节体育课。直到遇见本文的主人公，上海中学国际部一名七年级女生小黄，我才进一步意识到体育教师身兼育人重任不可替代。体育不再只是一门普通学科，而是教育不可或缺的一部分，它能实实在在改变一个人、影响一个人。

上海中学国际部初中段七到八年级体育课程体系为必修选项课。小黄由于身体条件突出，从小在校外的俱乐部接受较为系统、完整的训练，虽然她是学校U13女子篮球队的队员，但她的技术和实战水平远高于其他队友，甚至超过一些U15校队队员。2020学年第一学期，她升到七年级并选课进入篮球A班。由于疫情影响，整个篮球A班七至八年级学生的篮球技战术水平较低。学期后半段，她在课上表现消极，不认真听讲，教学比赛时也漫不经心，更为麻烦的是她也不跟老师和其他同学交流，我们对于她的情况一知半解。在发现她学习态度不积极后，也曾分析她"吃不饱"，并尝试过给她"开小灶",但效果不佳。其间,我多次与她沟通未果,这件事成了我的心结,到底是怎么了?她不喜欢我的篮球课?

本学期刚开学,有一天小黄的班主任打电话来向我咨询她在体育课上的表现,打听班级里哪位八年级同学与她私交好。在与班主任进一步的沟通中,才得知小黄在和父母沟通方面出了问题,除了校外篮球训练还处于正常状态外,学习和生活方面面都出现了非常消极的心理问题。班主任希望八年级具有正能量的学姐,通过篮球兴趣的偏好,走近她、影响她。在此谈话后,我对于她的认识和了解更加全面了,开始酝酿一个大计划来"拯救"她。

根据已掌握的情况和个人判断,我采纳班主任提出的建议,借助篮球和团队的力量去走近她。我找到了U15校队女篮的队长小丽,她不仅球技好,还善于团结队友,是球队重要的能力担当和精神领袖。她在得知这个请求后,爽快地答应了,并反馈了一些我们不知道的情况,愿意和老师一起去帮助小黄。每节体育课上,我特意按实力分组练习,让队长与小黄合作与对抗,也尝试过让其他高年级的学姐去与她配合。运用"友情牌"策略,帮助她转移注意力,增加和同伴的交流,化解她的心结和苦恼,并在不知不觉中向她传递正能量。随着她和其他队员关系的逐步融洽,我也尝试重新给她布置难度更高的练习,避免过去"吃不饱"的情况。"开小灶"让她的兴趣得到有效激发,增加了她的主观能动性,效果还是非常不错的。现在她开始在课堂认真听关于动作细节、配合要点的讲解,积极参与学练和比赛,仿佛变了一个人。

在最近的一节体育课后,小黄托一个和她关系较好的队员,私下来问我是否能加入U15女篮。我知道她这样的女生,自尊心非常强,怕被拒绝失面子,所以才托人来询问。我回复"信使"说:"首先,小黄对篮球的热情和技术水平,我是非常认可的。其次,我要你先向她说明球队的队规。"第二天,我和队长小丽正式找小黄面谈"约法三章":一是必须遵守球队规则;二是和球队中的同伴一起进步和成长;三是尽自己最大的努力去支持和帮助队友和教练。她露出笑容爽快地说:"我能做到。"到这里我意识到这件事情初步解决好了，后续的答案交给时间。

小黄事件让我更加深刻地认识到团队运动项目的魅力和体育学科的育人价值。团队运动项目对人的影响绝不只是技战术的熟练掌握和运用，与团队中的同伴相互合作与竞争，以及通过团队之间的竞争，可以凝聚起特别的团队精神和力量，进而去影响和改变其中每一个人的品行。体育学科不应被视为普通的一门学科，在某些特殊时刻，它有着其他学科无法比拟的实践性和操作性，能够让学生所有的行为和心理状态都直接体现出来，体育教师能身体力行去影响一个人。因此，随着体育教学从单纯的强身健体上升至塑造学生人格的高度，体育教师也能发挥更积极的作用，这就是"以体育人"这座灯塔一直照亮的路。

（杨阳）

30 陪伴与引导是最好的教育方式

培养德智体美劳全面发展的社会主义建设者与接班人是体育教师义不容辞的时代使命。如何在上海"两纲教育"指导意见下开展体育学科德育？如何利用好自己的专业特长让学生享受乐趣、增强体质、锤炼意志、健全人格，提高学生的体育学科核心素养？直到一个叫"微笑"的学生来找我借排球并让我陪他打球，我才逐渐找到方向。

我清晰地记得那是周三下午放学后，这个叫"微笑"的高一学生来找我借一个排球，叫他"微笑"是因为他爱笑，总是一副笑呵呵的样子，对于大家给他起的这个绰号，我也是后来才听同学们说起。"微笑"很有礼貌地说："樊老师，我可以借一个排球吗？楼下器材管理员下班了。"我的第一反应是他有同伴，可能就是几个人垫垫球。于是我说道："可以的，但要注意安全，我现在给你拿。"当我把球给他时，他没有走，我以为他要跟我说还球的事，他低声地说："老师，您可以陪我垫会球吗？我一个人。"我这才知道他是一个人来的，不想挫伤他的积极性，我就答应陪他垫会球。由于"微笑"是高一学生，在专项班中也是不爱说话的学生，我对他还不是很了解，垫球过程中我与"微笑"的对话大多数是我问他答。

在我们的对话中我了解到他是初中才开始接触排球的，但是他对排球运动充满热爱。大概半个多小时后，"微笑"要上晚自习，我们就这样结束了练习，走之前"微笑"含蓄地说道："樊老师……周五您还可以陪我打球吗？……若您没时间的话，那就算啦！"我心想周五放学后，学生都有时间，若多几个人就可以打比赛了，也可以提高排球运动的氛围，我就严肃地说："周五，我们打比赛吧，你可以再叫10个人的话，那以后我有时间都陪你打球！"我知道这个要求对于不爱说话的"微笑"有点难度，但"微笑"当时很坚定地说："樊老师，一言为定，我这就去找。"

等到周五时，"微笑"垂头丧气地带着8个人来了，见面就说："樊老师，您可能以后不能陪我打球啦！"可能当时被"微笑"对排球运动的热爱以及对我的尊敬所感动，我对"微笑"以及其他8个同学说："以后你们放学想打球可以随时找我，而且我会全程陪大家。"就这样我们10个人达成一种协议，每天放学后都来打半个小时的排球，慢慢地我们的队伍在不断壮大，需要分3到4个小组来比赛，于是我就要求参与比赛的人都轮流做裁判，按照排球竞赛规则进行教学比赛，不参与比赛、执裁的同学要学会欣赏比赛，课后要学习裁判知识，加强排球运动技能训练，经过两个多月的磨炼，同学们的排球技能水平、执裁能力、沟通交流能力、意志品质等综合素养得到很大提升，特别是"微笑"同学，成为一个健谈阳光的小伙子。后来在我的引导下，"微笑"同学担任了校排球队队长，代表学校参加2018年上海市校园排球联盟联赛（中小学组）获得U19男子组冠军，2019年获得U19男子普通组冠军。为了进一步增强学校排球运动氛围，"微笑"与学生干部、排球爱好者共同策划了学校的"巾帼杯"排球比赛，从组织、宣传到实施，每个同学都付出了很多，同时也得到不同程度的成长与提升。

正是像"微笑"这样的排球爱好者聚集起来形成一股合力，传递着正能量，树立良好的学生形象，才让更多的学生了解到排球运动的乐趣，享受到排球运动的乐趣，并通过排球运动增强人际交往能力，锤炼意志品质，健全人格，提升综合素养。现在回想起来，那个午后我陪"微笑"垫球是值得的，也是幸福的。因此，教师任何时候都不要挫伤学生的积极性，也许你恰当的陪伴，合理的要求，积极的引导会成就学生广阔的一片天。

（樊三明）

附录
本书编写团队

华东师范大学董翠香团队

姓　名	单　位
董翠香	华东师范大学
郑继超	华东师范大学
田　来	上海市建平中学
陆　辉	上海中学
杨　阳	上海中学
苏银伟	上海市晋元高级中学
樊三明	上海交通大学附属中学
张东洋	上海市格致中学

华东师范大学马德浩团队

姓　名	单　位
马德浩	华东师范大学
曹丹丹	华东师范大学
薛昭铭	华东师范大学
李岱泓	华东师范大学
董珊珊	华东师范大学

上海市第四期"双名工程"俞定智高峰计划团队

姓　名	单　位
俞定智	上海外国语大学附属大境中学
卜洪生	上海市宝山区教育学院
姚琍	上海市七宝中学
陆志英	上海市浦东教育发展研究院
夏昕	上海市黄浦区教育学院
马雪明	上海市长宁区教育学院
李荔	上海市杨浦区教育学院
朱利荣	上海市崇明区教育学院
吴叶丽	上海市徐汇区教育学院
徐斌	上海市一师附小崇明区江帆小学
徐艳贤	上海市嘉定区外冈小学
周颖花	上海市高行中学
刘萍	上海市青浦区御澜湾学校
李文耀	上海市光明中学
于生德	上海外国语大学附属大境中学
陈加峰	上海市西郊学校
王黎敏	上海市杨浦高级中学
苏新全	复旦大学附属中学
万张燕	上海市实验小学

黄浦区俞定智体育名师工作室团队

姓　名	单　位
姜旭锋	上海市光明中学
黄琳	上海市大同初级中学
王宏华	上海市敬业中学

（续表）

姓　名	单　位
翁春燕	上海外国语大学附属大境中学
朱　铁	上海市黄浦区淮海中路小学
徐玉麟	上海市格致初级中学
冯尚欣	上海市大同中学
陈静娴	上海师范专科学校附属小学
王　茜	上海外国语大学附属大境初级中学
何　明	上海市震旦外国语中学
张小娟	上海市第八中学
邵　斌	上海市黄浦区蓬莱路第二小学
董国荣	上海市第八中学
徐春丹	上海市敬业初级中学
杨　婕	上海师范大学附属卢湾实验小学
张建强	上海市尚文中学
陆倍倍	上海市黄浦区卢湾一中心小学
李思嘉	上海市七色花小学
陈为为	上海市黄浦学校
王凤翔	上海市向明初级中学

宝山区卜洪生体育名师工作室团队

姓　名	单　位
倪佳慧	上海市行知实验中学
张　鹤	上海市长江第二中学
叶　萍	上海大学附属中学实验学校
滕一波	上海市宝山实验学校
李　姗	上海市宝山区陈伯吹中学

（续表）

姓　名	单　位
查泉涛	上海市行知中学
顾鸣丹	上海市行知实验中学
郝宏宇	上海市吴淞初级中学
金志刚	上海市通河中学

青浦区刘萍体育团队

姓　名	单　位
李佳旺	上海市青浦区御澜湾学校
赵　聪	上海市青浦区御澜湾学校
冯宇曦	上海市青浦区御澜湾学校
鲁晓杰	上海市青浦区商榻小学
陈　苗	上海市青浦区颜安小学

嘉定区徐艳贤体育名师工作室及种子计划项目团队

姓　名	单　位
张　微	嘉定区外冈小学
綦焱朱	嘉定区外冈小学
刘桥顺	嘉定区疁城实验学校
伍飞鸽	嘉定区启良中学
于磊蕾	嘉定区启良中学
朱梅芬	嘉定区华江中学
陶　思	嘉定区曹王小学
刘晓雯	嘉定区安亭高级中学
戴月芳	嘉定区普通小学白银路分校
都立英	嘉定区朱桥学校

（续表）

姓　名	单　位
葛晓惠	上海同济黄渡小学
赵姜燕	嘉定区方泰小学

闵行区姚珋体育名师工作室团队

姓　名	单　位
陈伟峰	上海市闵行中学附属实验中学
史金玉	北京外国语大学附属上海闵行田园高级中学
季晓婷	上海市金汇高级中学
瞿哲衡	上海中医药大学附属浦江高级中学
陈　洁	上海市七宝中学
李　慕	上海市七宝中学
付艳丽	上海市七宝中学
李世春	华东师范大学第二附属中学附属初级中学

崇明区朱利荣体育名师工作室团队

姓　名	单　位
查宝金	上海市崇明区民本中学
马龙蛟	上海市崇明中学
刘先陆	上海市崇明区正大中学
汤炳奎	上海市崇明区正大中学
苑冬梅	上海市崇明区江帆中学
王秋颖	上海市实验学校附属东滩学校
宣金成	上海市崇明区东门小学
陶佳乐	上海市崇明区实验小学

浦东新区区桦体育教师培训基地团队

姓　名	单　位
田　来	上海市建平中学
张　杰	上海市进才中学北校
杨　阳	上海市南汇第四中学
罗　丹	上海市建平中学
施瑞安	华东师范大学附属东昌中学
孙伟榕	上海市浦东新区进才实验小学
孔　佳	上海市川沙中学
包莉萍	上海市东昌东校
蒋忠华	上海中学东校
冯立峰	上海市浦东新区龚路中心小学
蔡祺颖	上海市建平实验中学
仇越峰	上海市浦东复旦附中分校
赵　遐	上海市航头学校
张　杰	上海市万祥学校
蔡　晨	上海市上南中学东校
陈天宇	上海市建平中学

本书受到华东师范大学课程思政研究中心的支持。